# 継体天皇と王統譜

前田晴人

同成社

# はじめに

『古事記』『日本書紀』に記載されている古代の天皇のうち、継体天皇が第二十六代の天皇とされていることは周知のところである。天皇の即位は五〇七年、死没年次については『古事記』が五二七(丁未)年説であり、書紀は五三一(辛亥)年と五三四(甲寅)年とみなすものと二説あるが、いずれにしても六世紀初頭から前半期に活躍した天皇であることは動かない。そして、以後今上に至るまで連綿として日本の天皇の血筋は一系であるとみなされている。

さて、筆者が本書でことさらにこの天皇のことをテーマに取りあげ検討してみようと考えた大きな理由は二つある。一つは、現在の古代史学界が継体天皇の出自や素姓について明確な定説を確立できていないという問題に関係する。

そもそも古代の天皇はみなそれぞれに多くの未知の謎を抱えた存在であるのだが、その中で継体天皇の出自・素姓の問題は古代史において特別の重みを持っており、それを明らかにすることがきわめて重要な学問的課題になっているのである。というのは、継体天皇の出自や人物像がまるでわからず、この天皇において王統譜の断絶・断層を認めてよいのか否かが明確になっていないだけではなく、ひいてはそのことが前後の歴史叙述全般にも大きな影響を及ぼしているからである。継体天皇は前時代の王統の血筋を受け継ぐ五世紀型の王者とみなしてよいのか、あるいは六世紀という新時代を切り開いた地方出身の英傑であったのであろうか。

天皇の出自についてこれまでにさまざまな推測説が唱えられてきたのであるが、どれ一つとして確実にこうなのだと納得し断言できる定説が得られていない。ということは、逆の見方をすると『古事記』『日本書紀』に記載されている継体天皇の出自系譜には疑念がある、信憑性に欠けるということを意味するであろう。両書の記述事項には確かに不明確な点が数多くあり、継体の素姓はまことにはっきりしていないのである。

これは右の両書にさまざまな隠し事があるという事情を意味するもので、近代以来多くの研究者がこの難問を解決しようと努力を傾けてきたのであるが、それでも未だに定説がないというのが正直な現状なのである。筆者もまたこれまで幾度となく苦しい思索を積み重ねてきたが、最近になってようやく自分なりにある成案を得ることができたので、それを本書でまとめて公表し広く批判を仰ごうと考えた次第である。

もう一つの理由としては、継体天皇の出自・素姓を明らかにするためには継体天皇の前史、すなわち五世紀の歴史を綿密に検討し究明する必要があると考えたことによる。継体天皇は『古事記』『日本書紀』の王統譜では応神天皇の後裔ということになっており、また天皇の数多くの后妃のうち即位後に娶って皇后となった女性(手白香皇女)は前天皇の娘とされていて、いずれも前の時代のさまざまな問題とつながっていることが予測できる。とりわけ、応神天皇を系譜上の祖先としていることにはきわめて重要な問題が伏在していると考えられるので、そのことを明らかにすることが継体天皇のみならずヤマト王権の成立史を探る上にも不可欠の検討課題であると考えている。

なかでも継体天皇は新王朝を樹立した王者であるとする見解が古代史の世界で未だに幅をきかせている現状があるのだが、そのような捉え方が史実の基礎の上に立つ学説であるのかについて疑問があり、関係史料を丁寧に読み込んでいくと、むしろ王朝交替説を否定するようなさまざまな事実・事象が浮かび上がってくると言わなければならないのである。継体天皇が前代の日嗣の断絶という事態の中から担ぎ出された天皇であるという通説的な見方は正しいのであろうか、そのような見方は『古事記』『日本書紀』編者らの歴史構想に囚われたある種の偏見とは言えないであろうか。

歴史学の責務は過去の事実を究明することに尽きる。継体天皇をめぐってどのような新しい事実が明らかになろうとも、われわれはそれを素直に受け容れる寛容性を持たなければならないであろう。どうやら継体天皇の後裔の天皇たちは天皇の出自・素姓を伝聞によって知っており、さまざまな工夫をこらして出自を秘匿しようと努めたようである。その努力の最初の成果が欽明朝にできた「帝紀・旧辞」という書物に盛り込まれ、やがてそれらを素材として『古事記』『日本書紀』が編纂され重要な史実が隠蔽されたようだが、いかなる秘密事項にも必ず破綻を来すほころびが顔を覗かせているものである。

＊

本論に入る前にここであらかじめ読者に対して一つだけ約束事を述べておきたい。以下に天皇の名を記す場合には「継体天皇」という呼び方はせず、左に示したようにカタカナを用いて表記しようということである。

「継体天皇」の名号（漢風諡号）は奈良時代後半期に制定されたもので六世紀という時代とは無縁であること、また天皇号は六世紀にはまだ存在せず、最近の研究によれば天武朝に始まったとされていることから、史料を引用する場合以外は天皇号も使用しないこととする。さらに、継体の諱（実名）は『古事記』に「袁本杼命」、『日本書紀』に「男本迹天皇」、『上宮記』に「乎富等大公王」、『筑後国風土記』逸文に「雄大迹の天皇」などと記されているのを参照し、古代日本語の音韻法則を踏まえて「ヲホト」と読むのが最も適当と考えるので、ヲホトを用いることにする。

ただし、山尾幸久氏は書紀の継体即位前紀分註に記す亦名「彦太尊」を実名だろうと推定しており、確かに「フト」が本来の実名の可能性が強いが、本書では便宜上ヲホトで統一しておくことにする。また、基本的に即位以前は「王」号で、即位後には五世紀中葉以後に成立し使用されてきた「大王」号で表すのが穏当であろうと考える。

即位以前………ヲホトまたはヲホト王
即位以後………ヲホト大王

# 目次

カバー写真　福井市足羽山公園の継体天皇像（著者撮影）
装丁　吉永聖児

# 継体天皇と王統譜

# 第一章　ヲホト大王の后妃

## Ⅰ　ヲホト大王の后妃たち

ヲホト大王には数多くの后妃がいたようである。ヲホトには地方出身の長寿の王者であるとする根拠の乏しいイメージがまとわりついており、そのために即位以前から多くの地方豪族の娘らとの婚儀を重ね、地方に抜きがたい勢力を蓄えることができたので、その実力が評価されて王位に就くことが認められたのだとする考えが出来上がっている。

地方勢力とヲホトとの結びつきの性格や意義は一体何なのであろうか、またそもそもヲホトは本当に長寿者であったのだろうか。なかでも前大王の娘手白香皇女との婚姻はヲホトにとってきわめて重要な意味をもつものであったが、老齢のヲホトにそのような結婚が本当に可能であったのだろうか。考えれば考えるほどわからないことが出てくるのであるが、ここではともかくまず具体的にヲホトの婚姻関係を検討してみて、その出自・素姓に関する何らかの手がかりを探りだすことにしたい。まずは『古事記』継体段の后妃記事の引用から作業を開始してみようと思う。文献としては日本思想大系『古事記』を使用することとする。

天皇、三尾君等が祖、名は若比売に娶して、生みませる御子、大郎子。次に、出雲郎女。二柱。又、尾張連等が祖、凡連が妹、目子郎女に娶して、生みませる御子、広国押建金日命。次に、建小広国押楯命。二柱。又、意祁天皇の御子、手白髪命是れ大后。に娶して、生みませる御子、天国押波流岐広庭命。一柱。又、息長真手王の女、麻組郎女に娶して、生みませる御子、佐佐宜郎女。一柱。又、坂田大俣王の女、黒比売に娶して、生みませる御子、神前郎女。次に、馬来田郎女。三柱。又、茨田連小望が女、関比売に娶して、生みませる御子、茨田郎女。次に、白坂活日郎女。次に、野郎女、亦の名は長目比売。三柱。又、三尾君加多夫が妹、倭比売に娶して、生みませる御子、大郎女。次に、丸高王。次に、耳王。次に、赤比売郎女。四柱。又、阿倍の波延比売に娶して、生みませる御子、若屋郎女。次に、都夫良郎女。次に、阿豆王。三柱。此の天皇の御子等、并せて十九王なり。男七はしら、女十二はしら。

これらの記述によれば、ヲホト王の后妃はすべてで八人、子女は十八人(男七人・女十一人)となるが、末尾に付された註記には十九王(男七・女十二)とあって女子の人数が一致していない。黒比売の子どもが三柱とあるのに一人を欠いているのが不一致の原因とみられるようで、伝記に何らかの錯簡があったと考えられる。そこで、次には『日本書紀』の記述と対比してみることにする。史料として日本古典文学大系『日本書紀』下を参照することにしたい。

八の妃を納れたまふ。八の妃を納れたまふこと、先後有りと雖も、此に癸酉に納れたまふと曰ふことは、即天位して、良き日を占ひ択びて、初めて後宮を拜めたまふに據りて、文を為れり。他も皆此に放へ。元の妃、尾張連草香が女を目子媛と曰ふ。更の名は色部。二の子を生めり。皆天下を有らす。其の一を勾大兄皇子と曰す。是を広国排武金日尊とす。其の二を檜隈高田皇子と曰す。是を武小広国排盾尊とす。次の妃、三尾角折君の妹を稚子媛と曰ふ。大郎皇子と、出雲皇女とを生めり。次に、坂田大跨王の女を広媛と曰ふ。三の女を生めり。長を神前皇女と曰す。仲を茨田皇女と曰す。少を馬来田皇女と曰す。次に、息長真手王の女を麻績娘子と曰ふ。荳角皇女を生めり。是伊勢大神の祠に侍り。次に、茨田連小望が女 或いは妹と曰ふ。を関媛と曰ふ。三の女を生めり。長を茨田大娘皇女と曰す。仲を白坂活日姫皇女と曰す。少を小野稚郎皇女と曰す。更の名は長石姫。次に、三尾君堅楲が女を倭媛と曰ふ。二の男・二の女を生めり。其の一を大娘子皇女と曰す。其の二を椀子皇子と曰す。是三国公の先なり。其の三を耳皇子と曰す。其の四を赤姫皇女と曰す。次に、和珥臣河内の女を荑媛と曰す。一の男・二の女を生めり。其の一を稚綾姫皇女と曰す。其の二を圓娘皇女と曰す。其の三を厚皇子と曰す。次に、根王の女を広媛と曰ふ。二の男を生めり。長を兎皇子と曰す。是酒人公の先なり。少を中皇子と曰す。是坂田公の先なり。

書紀は「八の妃を納れたまふ」と記していて人数は『古事記』と合致しているのだが、手白香皇女は皇后として特別扱いされているので、右の「八妃」の中には含まれていない。そのために后妃の全数は「九妃」とするのが正しく、子女は二十一人(男九・女十二)となって二人増えている。ややこしいことになってきたので、いちどこれらの記述を表の形で整理してみることにしよう(表1・次頁)。

表1の①②を見比べてみると、Aとc、Bとb、Cとa、Dとe、Fとf、Gとg、Hとhの后妃名・子女の名と人数が完全に整合していることがわかる。Eとdの組み合わせに問題のあることが理解でき、iは『古事記』に記載が漏れているだけでなく、dと妃の名が同じなので一考を要すると思う。

## 表1　ヲホト大王の后妃

① 『古事記』（十九王・男七、女十二）

| 后妃名 | 出自 | 子女名 | 備考 |
|---|---|---|---|
| A　若比売 | 三尾君 | 大郎子出雲郎女 | 二柱 |
| B　目子郎女 | 尾張連凡の妹 | 広国押建金日命<br>建小広国押楯命 | 二柱 |
| C　手白髪命 | 意祁天皇の御子 | 天国押波流岐広庭命 | 一柱・大后 |
| D　麻組郎女 | 息長真手王の女 | 佐佐宜郎女 | 一柱 |
| E　黒比売 | 坂田大俣王の女 | 神前郎女<br>馬来田郎女 | 三柱 |
| F　関比売 | 茨田連小望の女 | 茨田郎女<br>白坂活日郎女<br>野郎女（長目比売） | 三柱 |
| G　倭比売 | 三尾君加多夫の妹 | 大郎女<br>丸高王<br>耳王<br>赤比売郎女 | 四柱 |
| H 阿倍波延比売 | 阿倍氏 | 若屋郎女<br>都夫良郎女<br>阿豆王 | 三柱 |

② 『日本書紀』（二十一王・男九、女十二）

| 妃名 | 出自 | 子女名 | 備考 |
|---|---|---|---|
| a 手白香皇女 | 仁賢天皇の女 | 諱不明 | 天国排開広庭尊 |
| b 目子媛（色部） | 尾張連草香の女 | 勾大兄皇子<br>檜隈高田皇子 | 広国排武金日尊<br>武小広国排盾尊 |
| c 稚子媛 | 三尾角折君の妹 | 大郎皇子<br>出雲皇女 | |
| d 広媛 | 坂田大俣王の女 | 神前皇女<br>茨田皇女<br>馬来田皇女 | |
| e 麻績娘子 | 息長真手王の女 | 荳角皇女 | |
| f 関媛 | 茨田連小望の女（妹） | 茨田大娘皇女<br>白坂活日姫皇女<br>小野稚郎皇女<br>（長石姫） | |
| g 倭媛 | 三尾君堅楲の女 | 大娘子皇女<br>椀子皇子<br>耳皇子<br>赤姫皇女 | 三国公の先 |
| h 荑媛 | 和珥臣河内の女 | 稚綾姫皇女<br>圓娘皇女<br>厚皇子 | |
| i 広媛 | 根王の女 | 兎皇子<br>中皇子 | 酒人公の先<br>坂田公の先 |

dに名の出ている茨田皇女はおそらくF茨田郎女・f茨田大娘皇女と同一人物とみられ、近江の坂田と河内の茨田との直接の関係性がつかめないので錯簡とみなしてよいであろう。そうすると坂田大俣(跨)王の娘が生んだ子どもは二人(神前郎女・馬来田郎女)であったと考えてよいのだが、Eには三柱と明記してあること、dに三皇女の名が記されていることを考慮すると、やはり元来は三人の皇女名が伝えられていたのではあるまいか。

ところで、坂田大俣(跨)王の娘はEには黒比売とあり、dには広媛とし、どちらが本当の名であるかは不明であるが、元来いずれかが皇女の名前であった可能性があり、E黒比売こそが大俣王の娘の名であったとすると、dの広媛が皇女の一人だったとみてよいのではなかろうか。このように考えてくると、Eの三柱の記述、dの茨田皇女とは別人であるもう一人の皇女、iの広媛との重複と混乱がすべて解消される。さすれば、『古事記』は八后妃・子女十九(男七・女十二)となり、『日本書紀』は九后妃・子女二十一(男九・女十二)となって完全に整合する。

八后妃と九后妃のいずれが本来の正しい伝承なのか断定の限りではなく、後述するようにヲホトの后妃は八人であったとみなすのが穏当のようにも思われる。ただし、筆者のこうした提案が正鵠を射るものであるか否かはほかに対比すべき素材がなく確かめようがないので、あまりこの結論にこだわらないように留意して、以下の論議を進めていきたいと思う。

## Ⅱ　三尾君との婚姻関係

『古事記』のA・G、『日本書紀』のc・gはヲホト王にとって特別な意味を帯びた婚儀を記載していると推定される。同じ地方豪族から二人もの女性を妻に迎えているからであり、しかもA・cの組み合わせは王の生涯最初の婚儀であると推定できるものである。煩雑だがこれらの記述をピックアップしてみよう。

A　天皇、三尾君等が祖、名は若比売に娶して、生みませる御子、大郎子。次に出雲郎女。二柱。

c　次の妃、三尾角折君の妹を稚子媛と曰ふ。大郎皇子と、出雲皇女とを生めり。

G　又三尾君加多夫が妹、倭比売に娶して、生みませる御子、大郎女。次に丸高王。次に耳王。次に赤比売郎女。四柱。

g　次に、三尾君堅槭が女を倭媛と曰ふ。二の男・二の女を生めり。其の一を大娘子皇女と曰す。其の二を椀子皇子と曰す。是三国公の先なり。其の三を耳皇子と曰す。其の四を赤姫皇女と曰す。

記述内容からみてAとc、Gとgとがそれぞれ対応していることがわかり、『古事記』がAを后妃記事の筆頭に掲載しているのは、この婚儀が最も早かったことを示唆するものであり、『日本書紀』では身分別に皇后・元妃に次いで三番目の妃という序列に基づき「次の妃」と記すが、実際には最初の妃とみなしてよいと考えられる。三尾君角折という豪族の妹にワカヒメという女性がおり、これとの間に大郎子（大郎皇子）・出雲郎女の二人の子どもが生まれたとする。大郎子（大郎皇子）は実名が判明しないが、オホイラッコ＝最初の跡取り息子というような意味に解してよいなら、この男子はヲホト王が初めて儲けた子どもと考えられる。

次に、G・gに記載された三尾君加多夫（堅械）の妹（娘）倭媛との婚姻については、両書の記載順からみてともにA・cよりは少し遅れた時期に行われたものと推定できる。この婚儀はヲホトが母とともにその実家である越前に移居してから実行されたもので、加多夫（堅械）はヲホトの越前への転居に伴って随従した三尾君の一族ではなかろうか。倭媛は三国公の祖先と伝える椀子皇子（丸高王）を生んでいるが、皇子は三国君の養子となり越前の地で生涯を閉じたと想定できるのである。このように考えられるとすると、三尾君の本拠地は近江とみるのが妥当のようである。

三尾君角折と三尾君加多夫（堅械）とは兄弟あるいは密接な親縁関係にあった同族と推定され、彼らがいずれの地にいた豪族かというと、近江を本拠地とした豪族であろう。周知のように、三尾君の本拠地については以前から二つの有力な学説が提起されており、越前国坂井郡説と近江国高島郡説のそれぞれには一定の根拠があって対立し、さらには越前こそが大本で後に近江に進出したと想定する説もあり、筆者は右に記したようにヲホト王との婚儀を契機として近江から越前へ進出した枝氏があったと考えている。

越前国坂井郡説の史料的根拠となるのは、天平五年の「山背国愛宕郡計帳」に「越前国坂井郡水尾郷」がみえていること、さらに『延喜式』兵部省条に載せる駅家に越前国駅馬として「三尾」の名が出ている

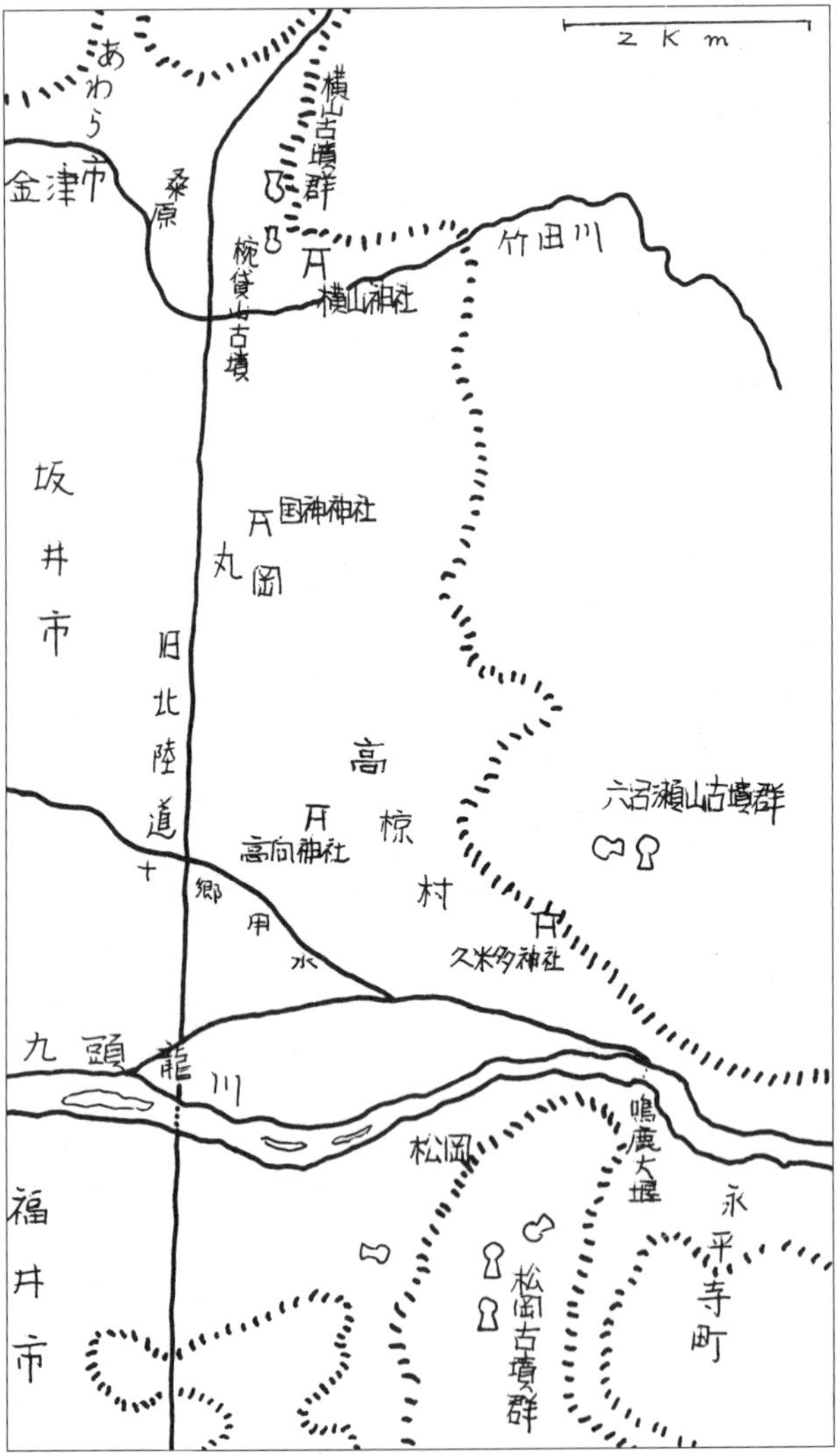
2Km
あわら市
金津市
桑原
横山古墳群
椀貸山古墳
横山神社
竹田川
坂井市
国神神社
丸岡
旧北陸道
高椋村
高向神社
六呂瀬山古墳群
郷用水
久米多神社
九頭龍川
松岡
鳴鹿大堰
永平寺町
福井市
松岡古墳群

図１　越前国坂井郡東部

ことで、水尾郷・三尾駅の推定所在地はあわら市金津町桑原の付近で、旧北陸道と竹田川の交会点を中心とする地域一帯であろう。水尾・三尾などの古地名の由来としては清浄で豊かな水流の集まる低湿地の意味であろうから、その地名を氏名とする豪族が付近に蟠踞していてもおかしくないはずなのであるが、三尾君が当地に居住していたことを示す材料は残念ながら現在のところひとつも見当たらない。将来においてもし仮に三尾氏関係の史料が発見されたとしても、当地は三尾君加多夫(堅槭)の眷族らの移住後の居地とみるべきであり、本拠地は別にあったとしなければならない。

越前国三尾説に関して看過できない重要な史料は、先ほど指摘したようにgの椀子皇子の尻付部分に「三国公の先なり」という註記があることである。三国公という氏族は越前国坂井郡一帯に広く本拠を構えた有力な在地豪族で、福井平野北部一帯の地域を三国と呼称したらしく、周知のように九頭竜川河口部には三国湊があり、『延喜式』神名帳に著録される三国神社はその三国湊の北岸に鎮座している。

大橋信弥氏が強調しているように三国君(公・真人)はヲホト王の生母フリヒメの出自氏族とみなしてよいと思う。そうすると、椀子皇子(丸高王)が坂井郡に定着し本郡の有力氏族の祖先とされたことは、その生母三尾氏の本拠地が同じく坂井郡にあったことを示すと想定できることにもなる。しかし、三国君という氏族自体はヲホト王以前から当地に蟠踞していたことは確実であるから、椀子皇子を氏族系譜の祖先に据えるという行為はヲホト大王即位後の政治的な配慮によるもので、筆者としては先ほど述べたように、越前へ居を移した三尾君と当地の豪族三国君との談合により皇子が三国氏の養子とされたと推考するのである。

椀子皇子の陵墓と推定されている古墳が坂井市丸岡町坪江に所在する椀貸山古墳である。付近には横山古墳群と呼ばれる後期の古墳群が形成されているのであるが、椀貸山古墳は六世紀前半期の前方後円墳（全長四五メートル）で、九州系の横穴式石室とともに尾張系の埴輪が出土しており、ヲホト大王の眷族に関わる象徴的な墓であることに間違いはない。しかも坪江のすぐ西方に水尾郷が所在したのであって、椀子皇子に所縁のある三尾君堅槭の親族が近江国から皇子とともに付近に移住していた可能性が高いのではなかろうか。そして、このような推定が妥当であるとすると、C・aを除いたG・g以前の婚儀はすべて近江在住時期のものであると言えるだろう。

さらに、越前国三尾説に関する別の重要な史料が『先代旧事本紀』国造本紀に載せる次の条である。

加我国造　泊瀬朝倉朝の御代、三尾君の祖石撞別命の四世の孫大兄彦君を国造と定め賜う。

羽咋国造　泊瀬朝倉朝の御世、三尾君の祖石撞別命の児石城別王を国造と定め賜う。

加我は加賀のことで越前国加賀郡域に蟠踞した国造を意味する。三国国造が蟠踞した坂井郡の北隣に相当し、その地の国造が三尾君と同祖関係を名乗っているということは三尾君と親しい関係にあったことを物語るもので、それは能登国羽咋郡を本拠とした羽咋国造にも言えることである。このような地縁関係にある豪族の同族関係結成の契機としては政略結婚を媒介とした結びつきを想定するのが通常であるが、加我・羽咋国造の場合には三国国造との結びつきよりも国造ではない三尾君を選択している点に少し問題があると考えられる。三国国造になった氏族は三国君（公・真人）または海部直らしいので、両国造は地縁・血縁関係というよりも政治的な判断の下に三尾君との擬制的な同祖関係を選択したのではないだろうか。

そう考えられるとすると、三尾君は越前の豪族ではなくとも一向に構わないのである。

さて、それでは次に近江国説について調べてみることにする。近江の三尾に関しては、壬申の乱に関する『日本書紀』天武元年七月条に「三尾城」の名がみえ、大海人皇子の配下にあった羽田公矢国・出雲臣狛らの将軍が湖西の三尾城を攻陥したとする記録に出てくるもので、琵琶湖岸の高所で高島郡と滋賀郡の郡界に当たる三尾埼(明神岬)の背後の山に築かれていた山城であろう。壬申の乱ではここが激戦の舞台のひとつとなったらしく、一族をあげて近江朝廷側に味方した三尾君は相当の痛手を負ったようで、天武朝以後往年の勢力を失ってしまう。当地はまた天平宝字八年九月の恵美押勝の乱の一舞台ともなった場所であり、「高嶋郡三尾埼」で押勝軍と官軍との激戦が繰り広げられた。長時間の戦闘に苦戦した押勝は三尾埼の北麓にある「勝野鬼江」(乙女ケ池)まで退却し、ついにそこで乗船して湖上に出たところを捕まり斬られたという。

周知のように高島郡内には「三尾郷」(『和名類聚抄』)があり、郡南部の安曇川と鴨川の間に挟まれた現在の高島市安曇川町には「三尾里」の地名が残されており、安曇川町・高島町一帯が三尾郷の故地とみられ、北陸道の駅家に「三尾駅」(『延喜式』兵部省)がみえているのは、当地が北陸道とその支路若狭道の分岐点に近接していることと、先ほど指摘した湖西の要港勝野津(鬼江)の所在する交通上の要衝であったからであろう。

同じ『延喜式』神名帳には近江国高島郡三十四座の筆頭に水尾神社二座が著録されており、月次祭・新嘗祭の班幣に預かる名神大社の社格を誇っていた。現在の社地は高島市高島町拝戸であり、鴨川南岸の山

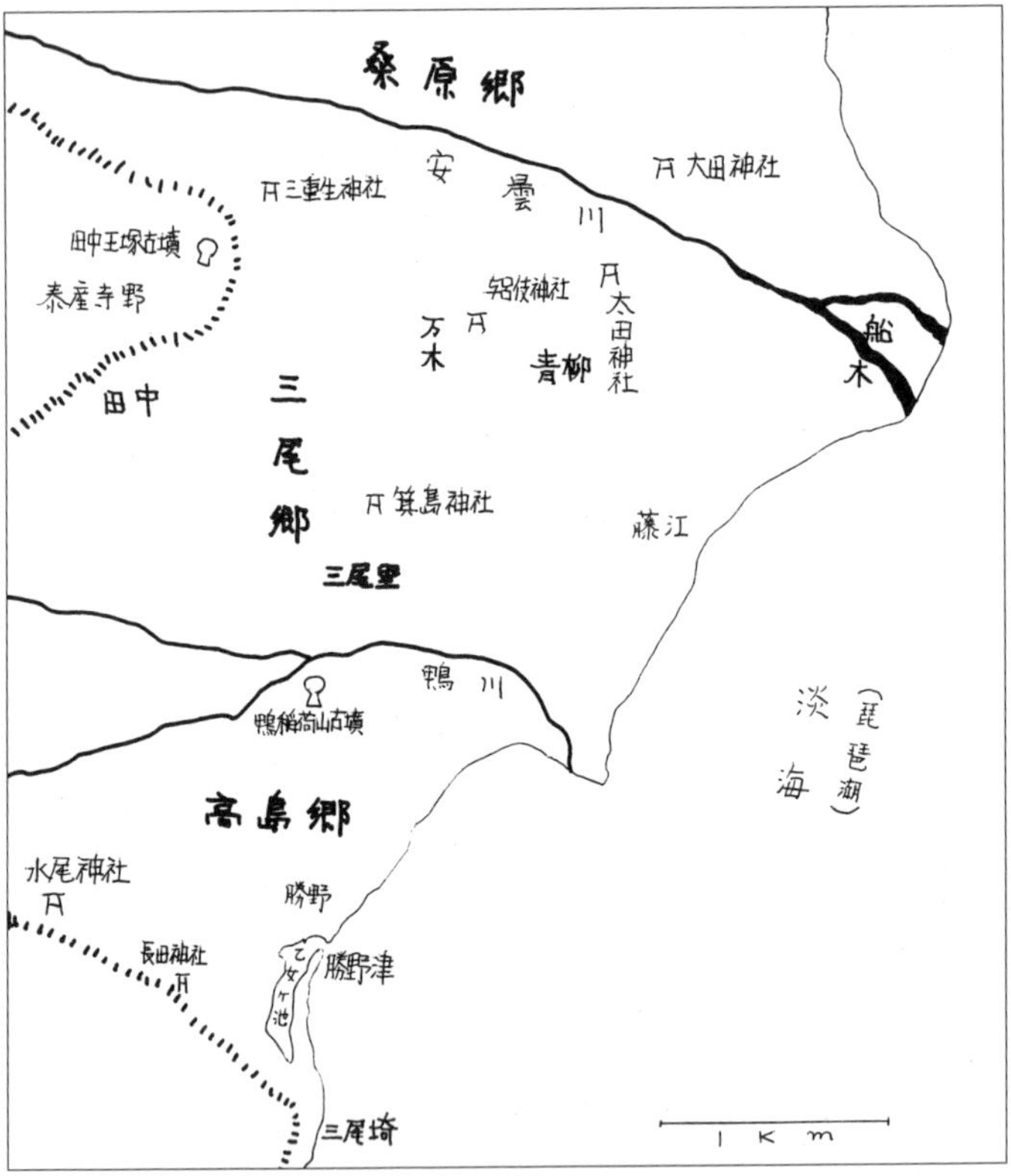


図２　近江国高島郡三尾郷

麓部に鎮座している。旧社地は安曇川南岸の安曇川町馬場で、旧蹟のすぐ裏手に全長七〇メートルの田中王塚古墳があって五世紀後半頃の帆立貝式古墳である。当社は延暦三年八月に「近江国高嶋郡の三尾神を従五位下に叙す」（『続日本紀』）と記し、貞観五年閏六月には正五位下から従四位下に昇叙されており（『三代実録』）、当地の水神を祭祀していたものと推定できる。さらに、同じ高島町鴨には六世紀中葉に造営された前方後円墳の鴨稲荷山古墳があって豪華な副葬品が出土しており、三尾君一族の首長墓ではないかと推定できる。

このような政治的にも経済的にもかなり重要な土地柄であったので、ここに三尾君が本拠地を構えていたとする説が現れるのも当然のことと言えるのであって、『上宮記』一云によると、ヲホト王の父に当たる「汙斯王、弥乎国の高嶋宮に坐します時」という記述があり、『日本書紀』継体即位前紀には、彦主人王が「近江国の高嶋郡の三尾の別業」より使者を越前に遣わして振媛に結婚を申し入れたと伝えている。これらの伝えからすると、ヲホト王の父はかつて高嶋宮＝三尾別業に居住した事実を示しているので、この地に本拠地を置いていた三尾君一族とヲホト王との婚儀がいち早く推進されたとするのも肯けるのであるが、おそらくウシ王が当地に宮＝別業を構えるのを最も大きく支援したのが三尾君の一族であったために、ヲホト王との婚儀もいち早くスムーズに行われたのであろう。

書紀はウシ王の死没後かなり早い時期にフリヒメと遺児ヲホトが越前へ帰郷したかのように記しているのであるが、三尾君一族との婚儀はヲホト王がまだ三尾にいる時期に、すなわちヲホトが成年となった頃に当地で行われたと推定しても大過ないのではあるまいか。ヲホトを長寿の王者として描いているのは書紀であり、その書紀の記述に惑わされてヲホトの越前への転居を早くからのものと考えるのは躊躇されるからである。なぜなら、高嶋宮＝三尾別業は父ウシ王の没後にはヲホト王に伝領されたと考えてよく、この宮こそは若きヲホト王にとって唯一の本居とも言うべき拠り所であったのではあるまいか。そのような関係から三尾君一族とヲホト王とは特別なつながりを持続していた可能性があると言えるだろう。ちなみに、後述する近江国坂田郡の息長君や坂田君らとの婚姻関係の形成も越前への移居後と考えるよりも、むしろヲホト王が三尾にいた時期の出来事と解すべきであろう。

以上の検討から、三尾君は近江国高島郡の三尾に本拠地を置いていた豪族で、ウシ王のために設置された高島宮＝三尾別業は三尾君が中心となって造営と経営・管理が行われたもので、そのような関係からヲホト王は父王の死後この宮を受け継ぎ、成年になるまで当地で過ごしたのでその妃にはまず三尾君の女性を選んだものと考えられ、こうした両者の緊密な関係が即位以後にも継続され、宮廷内でも有力な地位を得ていた三尾君の系譜伝承が『上宮記』一云や『古事記』『日本書紀』に取り入れられる契機になったと考えられるのである。

なお、三尾君は継体王権との親密な関係を利用しながら山背・摂津両国にも積極的に進出した模様で、山背国久世郡那紀里に奴婢十一人を所有していた水尾公真熊が居住し(『寧楽遺文』下・東大寺奴婢帳)、摂津職嶋上郡高於郷の戸主として三尾君麻呂の名が記録されている(『大日本古文書』十三―一二〇)。いずれも奈良時代の史料ではあるが、その居住の由来は古いと考えられる。

前者は現在の宇治市伊勢田町・小倉町付近で宇治川下流に形成されたかつての巨椋池南岸に当たり、池面と淀川・宇治川・木津川などを利用した舟運にはきわめて有利な地点であり、また大和から山城を通り近江に向かう北陸道にも近く、陸路の点でも要地を占めている。ヲホト大王は即位後しばらくの間は樟葉宮・筒城宮・弟国宮を遷転したが、それらの宮への奉仕を考える上で当地は抜群の地理的位置を占めている。

次に、後者は本物のヲホト大王陵と目されている今城塚古墳の所在地である嶋上郡にあり、郷名の高於・

高生（タカフ）から三嶋竹村屯倉の存在が想起されるものと思う。この屯倉のことは安閑紀元年閏十二月条にみえており、上御野・下御野・上桑原・下桑原の四か所の土地を竹村屯倉として指定したもので、現在の茨木市安威・太田付近が故地とみられる。三尾君の一族はヲホト大王との親縁な関係から当地にも拠点を配置した可能性が高いと言える。

## Ⅲ　尾張連との婚姻関係

表1のBとbとが対応している。煩雑ではあるがそれぞれの文章を引用してみることにする。

B　又尾張連等が祖、凡連の妹、目子郎女に娶して、生みませる御子、広国押建金日命。次に建小広国押楯命。二柱。

b　元の妃、尾張連草香が女を目子媛と曰ふ。更の名は色部。二の子を生めり。皆天下を有らす。其の一を勾大兄皇子と曰す。是を広国排武金日命とす。其の二を檜隈高田皇子と曰す。是を武小広国排盾命とす。

ヲホト王の婚儀の順序を割合正確に反映しているとされる『古事記』によれば、ヲホト王との次の婚姻を行ったのは尾張連のようである。『日本書紀』は「元（ハジメ）の妃」という書き方をして特別扱いしており、それは二人の男子が後に即位したこととも関係し、またヲホト王にとりこの婚姻がかなり早い時期に行われた事実を反映しているためであろう。

両方の伝えを総合的に勘案すると、尾張連草香の子凡の妹の目子媛がヲホト王と結婚し、やがて二人の男子を儲けたが、後に兄はヲホト大王の下で勾大兄と呼ばれ、弟は檜隈高田と称してそれぞれ大和国の勾(曲)・檜隈に王宮を構え、死没して以後の殯宮儀礼において広国押(排)建(武)金日命・建(武)小広国押(排)楯(盾)命という諡号を献呈されたと解釈できるだろう。

尾張連氏とヲホト王との関係については検討に耐える有力な史料が見当たらないので、両者が何を契機として結びついたのかは不明である。ただ、後で検討する『上宮記』一云の伝承によれば、ヲホト王の祖父に当たる乎非王が美濃国牟義郡の有力豪族の娘(久留比売)と婚姻関係を結び汙斯王を生んでおり、美濃・尾張の豪族らとの臣従・奉仕関係が祖父の代から発生し、その延長線上でヲホト王との婚儀が成立した可能性があるのではあるまいか。

尾張連は壬申の乱における活躍により天武朝において宿祢姓を賜り、右京・山城・大和・河内など広く畿内に進出・居住し中央官人化する集団もいたが、尾張国が彼らの元来の本拠地であり、奈良時代以降には尾張国八郡のうち愛知・春部・中島・海部・山田など五郡の郡領職を占める大勢力で、ヲホト大王と関係を持った草香・凡らは愛知郡域に本拠を構えた尾張連氏とその同族の海連氏らの本宗勢力であったと考えてよい。名古屋市熱田区に鎮座する熱田神宮の北西傍に断夫山古墳(全長一五一メートルの前方後円墳)があり、六世紀前半の造営という点と、東海地方最大の規模を有する古墳であるという点などから、草香の墓ではないかと推定されていて、ヲホト大王との関係が古墳の造営に顕著に現象した事例とすることができる。ちなみに断夫山古墳の南にある白鳥古墳(全長一〇〇メートルの前方後円墳)は目子媛の兄凡の墓ではなかろうか。

尾張連が中央の歴史に登場した最初の人物は允恭朝の吾襲である。五世紀中葉頃の出来事であるが、吾襲は天皇の使者として葛城の玉田宿祢の宅に派遣されて玉田の行状を確認し、王宮への復命の帰途に玉田が放った刺客のために殺されたという。尾張地域における古墳群造営の動向について、権力基盤の移動を丹羽県を起点として北から南へと想定するか、知多半島を含む熱田台地周辺の勢力の北方への勢力拡大とみなすかで意見が分かれているが、庄内川流域に蟠踞していた勢力と熱田台地付近の勢力との合同によって尾張連という大勢力が成立したとも想定できる。いずれにしても尾張の諸勢力は五世紀中葉頃には丹羽県・中島県などの設置を通じてヤマト王権中枢への服属を終えていたことは確実で、その後愛知郡の熱田を中心とする勢力が尾張連の本宗となったのはヲホト大王への外戚関係を成立させたことによるものとみて大過ないものと思う。

地方豪族にとり王族との婚儀による外戚関係の形成は、中央への政治的進出と在地での権勢の強化という両面の動向を押し進める意味できわめて歓迎すべきことであり、目子媛所生の二人の皇子が即位するに至ったことは彼らの目論見が成功したことを物語るものと言える。おそらく尾張連は近江国に逼塞していたウシ王・ヲホト王父子の王統譜上の歴史的な位置とその政治的な価値について早くから理解していたものと思われ、また近江国に隣接するという地の利を生かしてウシ王父子の動静を掴むことに余念がなかったものと思われるのであり、さらに言えばウシ王が近江国に在住することになった頃からすでにさまざまな支援・奉仕活動を展開していた可能性が高いのである。

後に述べるように、筆者はウシ王が王都から近江国に移住した理由を従来説とはおよそ異なった政治的事情によるものと解している。いわば孤立した立場にあった王には、地方豪族の支援・奉仕が不可欠なものとなり、反対に地方豪族の側では何らかの形で王に接近することが将来の自氏族の浮沈につながるひとつの賭けともみなされていたのではなかろうか。

いわば近江国において政治的に孤立状態にあったウシ王やヲホト王にとっては、東国の雄とも言うべき尾張連一族との交流は政治的にも経済的にも大きな支えとなっていたことと思われ、目子媛との婚姻関係は両者のさらなる結合を促進するものとしてきわめて早い段階、すなわちヲホト王が三尾の地において成人式を迎えた時期に実行されたのではないかと推測する。

## Ⅳ　息長君・坂田君との婚姻関係

ヲホト王の出自を明確に息長氏とみなす岡田精司氏のかつての優れた提説が学界では現在最も有力な学説を形成している。しかし、筆者はヲホト王を歴とした王族であるとみており、五世紀初頭に成立した世襲王制の下では王統譜につながる王族以外には即位の可能性はなかったものと考えている。もしヲホトが地方豪族であったとすると、決して日継の対象には選ばれていなかったと思われ、近江の一介の地方豪族である息長氏との血縁関係はもともと何もなく、またヲホトが息長氏に出自するという想定は史料上の根拠を持たない空想であると言うほかはない。しかも息長氏と最初に関係を結んだのはむしろ父のウシ王の方であると考えてよく、その経緯の詳細は後章で述べることにする。

ヲホト王がもし息長氏に出自する者であったならば、ヲホトはウシ王夭逝後には近江国坂田郡の地で息長氏らの手で大切に養育され成長を遂げた可能性が強いと思う。ヲホトには兄弟がひとりもいなかった模様で、もしもウシ王が息長氏の出自であったならばもっと多くの子どもに恵まれていたのではあるまいか。また、ウシ王が湖西の高嶋郡三尾にわざわざ別業を構える必要もなかったと思われる。しかも別業を作りそれをウシ王に提供したのが三尾君であって息長一族でないというのも解せないことである。

『上宮記』一云はウシ王の居所のことを「高嶋宮」と記しており、ウシ王・ヲホト王ともにこの高嶋宮が彼らの本居であるように記しているのであり、坂田郡にはウシ王の居住を示す史料や痕跡がないだけではなく、ヲホト王にまつわる確かな史料も遺存しておらず、『古事記』『日本書紀』の諸伝承にもそのような記述をいっさい見出すことができない。もし仮にヲホト王が息長氏の出身であるならば何らかの所伝が遺存していてもよいと思われるのであるが、該当するものがいっさい無いという事実は、坂田郡とヲホト王との関係が意外にもきわめて薄いものであったことの証と言えるのではなかろうか。

そうすると、逆にその理由を明らかにする必要があるが、それは論述の都合上後に述べることにして、ともかくもウシ王の妻は越前の豪族の娘であるフリヒメひとりだけであり、しかもヲホト王には兄弟姉妹がひとりもおらず、また息長氏との関係にも右のようなさまざまな問題があったことがわかる。

D　又、息長真手王の女、麻組郎女に娶して、生みませる御子、佐佐宜郎女。一柱。

e　息長真手王の女を麻績娘子と曰ふ。荳角皇女を生めり。是伊勢大神の祠に侍り。

E　又、坂田大俣王の女、黒比売に娶して、生みませる御子、神前郎女。次に馬来田郎女。三柱。

d　次に坂田大跨王の女を広媛と曰ふ。三の女を生めり。長を神前皇女と曰す。仲を茨田皇女と曰す。少を馬来田皇女と曰す。

後者の所伝に錯簡があることは明らかであるが、今は婚姻関係の事実だけを問題にしたいと思う。大橋信弥氏の研究によると、近江国坂田郡の歴史的世界は大まかには北部の姉川流域の地域と東部・南部の天野川流域の二つの地域に区分できるという。坂田君は主に前者の地域(上坂郷・下坂郷・細江郷・阿那郷)、息長君は東部・南部の地域(長岡郷・大原郷・上丹郷・下丹郷・朝妻郷)を本拠とした勢力で、ヲホト王と婚儀を結んだのはそれぞれの氏族から一名の女性だけであるというのも、筆者の後述する想定と何らかの関係がありそうである。

大橋氏は坂田郡内に所在する古墳群の検討を行い、とくに上坂郷一帯に分布する坂田古墳群と朝妻郷付近に集中する息長古墳群とが坂田郡における有力首長の墓域であり、前者は四世紀後半代から六世紀代にかけて造墓を繰り返した坂田郡の名族坂田酒人真人氏の前身勢力と論定し、後者は息長君氏の奥津城で五世紀後半頃から造墓が開始され六世紀代に有力化するとみなしている。つまり坂田郡では北部の勢力が四世紀後半からヤマト王権との服属関係を結んだことが推定され、南部の息長一族が台頭するのは五世紀後半期以後だということになる。大橋氏のこうした見解は筆者としては大いに賛同できるもので、息長氏とヲホト大王との関係を考えていく上できわめて貴重な提言であると考えている。

ただし、笹川尚紀氏の研究からも明らかなように、坂田郡北部の最も古い主要な在地勢力は元来坂田君であると考えられ、また筆者の推定では、允恭天皇の五世紀中葉頃当地に県・県主が設置されると坂田君の一部が坂田酒人君・酒人君などを分出し、「県醸酒」の貢納を通じて王権への奉仕関係を強めたとみるのがよく、その後六世紀には同地に屯倉や筑摩御厨が設置され坂田君・息長君らの配下に組織された諸氏族がこぞって王権に奉仕する体制が築かれたと考えられ、両氏からヲホト大王へ娘が差し出されたのも在地の支配秩序に基づくものと言えるだろう。

二人のヒメらとヲホト王との婚儀の成立は、先ほども述べておいたようにウシ王が高嶋宮に遷居した後で、ヲホトが成人した直後の頃であったと考えてよく、ヲホト王が生母とともに越前へ転居する前のことであったと推定できる。これらの婚儀は、ヲホト王自身との関係よりもむしろウシ王との因縁とつながりに基づき、息長君・坂田君が政略結婚としての意味合いを含んで行ったもので、ヲホト王のヤマト王権内における系譜上政治上の地位・近い将来の行方を見据えた上での行為であり、自氏族の権勢の強化にもつながる重要な関係性の構築とみられていたと思われる。

そのことの現れの一つが彼らの名乗りの「王」号であろう。息長君と坂田君は元来君姓を帯びる近江国の一介の地方豪族と考えられ、息長真手王は息長君真手というのが本来の氏姓であり、坂田大俣王も坂田君大俣と書かれてしかるべき人物であったと思う。書紀の欽明三十二年三月条には新羅に派遣された坂田耳子郎君という名の人物が登場する。敏達十四年三月条にも遣外使として坂田耳子王なる同一の人物が出てくる。姓が君から王へと変化していることがわかるが、坂田耳子の本姓は君であって王姓は書紀編纂時の追記とみてよく、これと同じことが息長真手・坂田大俣にも及んでいるとみてよい。

彼らがこのようにあたかも王族のように記されている原因は、ウシ王・ヲホト王以来の密接な奉仕関係と、継体・欽明朝以後彼らが中央政界の中枢部に進出し、とりわけ天武朝において真人姓を賜り皇親氏族入りを果たしたことによるもので、欽明朝の「帝紀・旧辞」の編纂、天武朝から開始される『古事記』『日本書紀』の編纂事業に当たり、ヲホト大王にまつわる系譜の改竄や潤色にはとくに息長氏が深く関与する立場にあり、その過程において息長系譜と天皇系譜とのさまざまな局面での融合と結合とが図られたのであり、その一環として息長・坂田氏らは王統譜上における王号の名乗りを許されたのであろう。

なお注意すべき問題が一つあって、D・eの息長真手王について、『日本書紀』敏達四年正月条に「息長真手王の女広姫を立てて皇后とす」とあり、この記述が事実であるならば、同じ息長真手王の二人の娘(麻績娘子・広姫)が継体と敏達の后妃になったことになる。しかし半世紀以上もかけ離れた時期に同一人物の娘が結婚をしたというのは大橋氏もすでに指摘しているように明確な誤りで、今いずれの婚姻も事実であったと解すると、ヲホト王と結婚した麻績娘子の父は息長真手王とは別人であったか、あるいはこの婚儀自体が贋作である可能性があり、そうなるとヲホト王と息長氏との婚姻関係そのものを否定しなければならないであろう。婚儀そのものはあったとしても、ヲホトと息長一族との関係を誇大に捉えることは史実を見誤る基になると考えられるということを、ここで強調しておきたい。

さて、近江国坂田郡にゆかりのある女性としては、もう一人根王の娘広媛が挙げられる。

i　次に、根王の女を広媛と曰ふ。二の男を生めり。長を兎皇子と曰す。是酒人君の先なり。少を中皇子と曰す。是坂田公の先なり。

この記事は先ほど指摘したように書紀にしかみえないものである。根王はまったく素姓の伺い知れない人物で、坂田郡に土着していた王族というしか判断の下しようがない。そのような素姓の知れない王族が地方にいたという想定も無碍に否定できないのであるが、むしろ坂田郡在住の豪族たちが王都に進出した同族と図って自分たちの始祖として後世に捏造した人物とみた方がよいかも知れない。その二人の子どもたち(兎王・中王)の名号もきわめて怪しい代物で、男子二人はそれぞれ坂田郡北部・東部などを本拠としていた坂田酒人真人・酒人真人・坂田真人らの共同の氏祖とされた虚構の皇子で、これらの氏族はいずれも本宗の坂田君(公・真人)と同族関係にあったその分岐氏族であろうと思う。試みに『新撰姓氏録』に掲載されている記事を引用してみると次のようになる。

坂田酒人真人　　息長真人同祖。　〔左京皇別〕
坂田真人　　出自諡継体皇子仲王之後也。　〔右京皇別〕
酒人真人　　継体皇子兎王之後也。　〔大和国皇別〕

E・dにみえる坂田大跨(俣)王とiの坂田公とは実は同族とみてよい氏族で、『古事記』に所伝の掲載がないのは脱漏が原因であるというよりも、坂田君(真人)らの手持ちの造作された家伝が書紀に特記されたものとみなした方がよいのではあるまいか。広媛がd坂田大跨王の娘広媛と同じ名であるのも不審を招く要因となっているのであって、先ほど述べたように広媛は錯簡の疑いの強い女性なのである。

## V　茨田連出身の妃

まず妃と子女の名を確認しておこう。

F　次に、茨田連小望が女或いは妹と曰ふ。を関媛と曰ふ。三の女を生めり。長を茨田大娘皇女と曰す。仲を白坂活日姫皇女と曰す。少を小野稚郎皇女と曰す。更の名は長石姫。

f　又、茨田連小望が女、関比売に娶して、生みませる御子、茨田郎女。次に白坂活日郎女。次に野郎女、亦の名は長目比売。三柱。

茨田郡は河内国西北部の低平な平野部に所在した郡で、北東からは淀川の泥流が流入し、東部から南部の地域には古来深野池と呼ばれた巨大な湖水が控え、南東方から河内平野に流入する大和川・石川の水も付近の低地に滞留し、しばしば大洪水を引き起こした。この地域を本拠とした茨田連は治水と低湿地の開発のことに悩まされ続けたが、茨田連小望の娘がヲホト大王の妃になり王権との密接な関係を形成したことを契機として、大規模な堤の造営に着手するチャンスをつかんだのではなかろうか。

周知のように茨田連の開発伝承はすでに仁徳朝の物語として著名なものであるが、それらは後世の史実に基づく加上とみなしてよい。難波における堀川の掘削と難波大津の開設との関連で淀川の治水事業が行われたとみてよければ、その時期は早くとも五世紀末以後のことであろう。宣化紀元年五月条にみえる「河内国の茨田郡の屯倉」は大堤の修築によって当地に広大な良田が開発されたことの証であり、天皇がこの屯倉の穀を筑紫の那津官家へ運送させているのは、王室との婚姻関係を背景とし、宮廷と直接つながる屯田(官田)が当屯倉に設置されていたことを物語るだろう。

しかし、何と言っても茨田連は畿内の中流豪族であり、ヲホト大王との婚儀にはそれなりの由来や前史があって成立したものと思われるのであり、筆者は茨田連とヲホト王家とのつながりについてはヲホトの四代前の先祖への臣従・奉仕関係に遡るのではないかと推測する。つまりヲホトの四代前の王は河内に居住していた人物と推考され、その王宮への臣従・奉仕関係がヲホトとの婚儀に結び付いているとみるのである。その詳しい経緯は後章で述べることにしたい。

## Ⅵ　ワニ氏出身の妃

最後にワニ氏出身の妃を検討しておこう。妃の御名、子女の数と御名などには問題がなさそうであるが、妃の出身氏族に大きな相異があり、そのことを中心にして検討してみたいと思う。

H　又、阿倍の波延比売に娶して、生みませる御子、若屋郎女。次に都夫良郎女。次に阿豆王。三柱。

h　次に、和珥臣河内の女を荑媛と曰ふ。一の男・二の女を生めり。其の一を稚綾姫皇女と曰す。二を圓娘皇女と曰す。其の三を厚皇子と曰す。

右の記述のうち決定的な所伝の相違点はハへ媛の出自氏族が和珥・阿倍と相異していることである。結論から言うと、すでに多くの論者が指摘しているように、ハへ媛の出自氏族はワニ氏とみなして間違いがないと思われる。他の妃の記述と同じようにh書紀は媛の父親の名まで記しているのに、Hの『古事記』は氏族名だけであるのが不審を誘う。さらに、阿倍臣については『古事記』の記載を検討してみればわかるように、応神以前にその始祖の伝承が集中しており、仁徳以後には右のH以外には族人の活躍がまったく記されていないのであり、このことは阿倍氏が六世紀以後の新興氏族であること、右の記事は『古事記』編纂時またはそれ以後の時期の書き換えであることを暗示している。

他方のワニ氏については岸俊男氏の研究が著名であり、大和国添上郡の和邇を発祥地・本拠地とした豪族で、和邇・柿本・櫟井・大宅・粟田・小野・春日などの氏名を名乗る諸氏族は地縁と血縁で結ばれた同族であり、奈良盆地東北部から木津川・宇治川流域の宇治・木幡・山科、京都盆地東辺の愛宕郡から近江国の琵琶湖南西部にかけての地域に広く諸氏族の分布が認められ、四世紀代から六世紀前半にかけての時期には葛城氏と並んで数多くの后妃を宮廷に送り込んだとする伝承を遺しており、后妃の宮廷への供給をくり返しながらワニ氏そのものは天皇家の母族として発展する途を択んだとみている。

右にみたワニ氏の一族が最初に氏族としてのまとまりを持つようになった契機としては、ヤマト王権が四世紀後半に女王制から男王制への移行を断行しようとした際に、春日・佐保の地に蟠踞していたサホヒメが女王に推戴されたことが始まりであったと推定される。サホヒメは『古事記』開化段にみえる次の系譜伝承に現れる女性首長である。

春日建国勝戸売――沙本之大闇見戸売――沙本毘売(妹)・沙本毘古(兄)

この系譜から佐保の地には三代にわたる女性の有力首長が輩出していたこと、サホヒメはその系譜の三代目に当たる人物で、邪馬台国以来のヤマト王権が採用してきた女王制を男王制に切り替えるに当たって、サホヒメを最後の女王に推戴し、男子を身ごもらせるという方策を実行したと考えられる。初代女王以来女王に推戴された女性は神に仕える「卑弥呼」として世俗の婚姻は禁止されていた。そのため歴代の女王には子どもがおらず、事実上ヤマト王権は王位の世襲制を排除する方策を持続していたと考えてよい。しかるに、男王制を創始するためには女王に男子を儲けることが必須であり、そのために選ばれたのがサホヒメとその輔政者であったサホヒコの兄妹であった。

女王サホヒメを擁立したのは佐保・春日などの地域のみならず、おそらく和邇を含む盆地東北部一帯と背後の山背地域に蟠踞していた首長集団であると考えられ、なかでも和邇の地にいた首長が盟主的な地位にあったらしく、天理市櫟本町にある東大寺山古墳の被葬者は四世紀中葉頃の当地の有力首長で、その墓壙から後漢王朝の中平年間（一八四～一八九年）の銘文を持つ環頭大刀が出土していることからみて、邪馬台国時代からヤマト王権を構成してきた首長統合体の一角を担う勢力であったと推定でき、和邇の集団を中心に組織化されたこの首長統合体が、ワニ氏の前身勢力の実体であったと考えられる。

ヤマト王権が世襲王制とそれに対応する王統を創始したのは前著で詳しく述べたように四世紀後半から五世紀初頭のことであった。ワニ氏はその動きに加担した主要な勢力の一つで、盆地南西部地域に広く蟠踞していた同様の首長統合体である葛城一族と、歴代女王の親衛軍として女王宮を守衛する任務を担っていた盆地南部地域の来目の首長集団との三者の協議と共同企画により、男王制の創始と始祖帝王の創出が図られたとみてよいものと思う。

このような経緯を想定しているので、ワニ氏は来目・葛城両氏と並んで四世紀後半以後ヤマト王権内部で王統譜を維持し王の血筋を安定化させる役割を担っていた勢力であり、一族出身の后妃が繰り返し王との婚姻関係を重ねた理由もそこにあったとみてよく、五世紀後半に葛城氏が凋落した後も引き続きワニ系の多くの女性が王室に入り、ヲホト大王が和珥臣河内の娘と結婚したこと、また仁賢天皇の娘手白香皇女を娶り大后の地位に据えたことも、ヤマト王権内部の不文律に基づく王統譜の護持策に関係するものであり、手白香皇女との婚儀をヲホト王の前代の王統譜への「入り婿」策であると『古事記』が強調しているのは、ヲホト王の身分と出自を本来のものとは違うように暗示させる記述であって、事実関係を正当に表現したものとは言えない。なぜならば、ヲホト王は地方豪族でもなければ、また系譜不明の傍系王族でもなかったからである。そのことはなお後章で明らかにしていこうと思う。

## Ⅶ　后妃からみたヲホト大王

以上でヲホト大王の后妃に関する検討を終えることにするが、これまでに論じてきた内容を整理すると、ヲホト大王の出自や素姓について次のような問題があることがわかる。

第一に、すでに多くの論者が指摘しているように、ヲホト王の后妃には地方豪族出身の女性が多く、手白香皇女と和珥臣河内の娘以外はすべて地方豪族と評してもよい状態である。この現象の意味するところは、ウシ王・ヲホト王が実際に近江・越前という地方に居を構えなければならない事情があったために、地方豪族らとの交流が生じやすい環境が存在したからである。地方豪族にとり王族との婚儀を結ぶことは容易なことではなかったのであるが、ウシ・ヲホトの父子がたまたまその地方に居住することになったことが彼らにとってはまことに得難いチャンスとなったのである。

ただ、そのことをもってウシ王・ヲホト王自体が純然たる地方豪族であるとか、あるいは地方に土着していた傍系の王族であるというふうに考えるならば誤りであろうと思う。なぜならば、地方豪族らはさまざまな機会に王族との関係の構築を願望し、可能であるならば婚姻関係を通じて中央政権への接近を模索していたからである。ヲホト王は彼らにとって実は嘱望の星であったのではなかろうか。尾張連はその典型例であり、近江の三尾君・坂田君・息長君らも同様な動きを示しているのである。

第二に、すでに有力な通説となっている息長氏がヲホト大王の出自氏族であるとする考えには疑問符が付くことであって、息長真手王の娘との婚姻には疑いがあり、極言すると息長氏はヲホト大王との婚姻関係を結んでいなかった可能性さえあるということである。息長氏との関係の始まりはウシ王からであったと想定できるが、ウシ王が息長の王族であったことを示す何らの証拠もなく、またウシ王には兄弟姉妹がひとりもおらず、さらにウシ王の子どもは振媛との間に儲けたヲホト王ただひとりで、ヲホト王にも兄弟姉妹がひとりもなく、父子と息長氏との関係はきわめて希薄なのである。なぜそのようなことになっているのか、息長氏とウシ王父子との関係にはこれまでに未だ掘り起こされていない未知の問題が横たわっていた可能性が強いのである。

第三に、息長氏との希薄な関係はウシ王が同じ近江国高島郡の三尾に高嶋宮を経営したことにも現れている。もしもウシ王が息長君の出身であったとするならば、彼は坂田郡内に宮を造っていたのではあるまいか。ところが、坂田郡にはウシ王・ヲホト王の足跡を示す史料上・伝承上の証拠が何も見出せず、三尾君の本拠地である高島郡に居住し、どうもそこを彼らの本居・拠点としていたらしいのである。

ウシ王が高嶋宮において越前の三国君出身の女性と婚儀を結んだり、ヲホト王の最初の婚姻相手が三尾君の女性であったという事実は、高嶋宮での彼らの生活が王族としての通常の生活を意味するもので、それ以前の坂田郡でのウシ王の生活は反対に何らかの秘匿を要するような性質・内実のものではなかったのではないかと推測されてくるのである。

第四に、ヲホト王に后妃を出した氏族のうち、尾張連や茨田連らはどうもヲホト王とのつながりを云々するよりも、むしろ王の祖父や曽祖父の時代からの何らかの関係性の延長として結びついた可能性があるらしいという点である。具体的にはヲホト王の先祖の王族への個別的な臣従・奉仕関係ということを想定するわけであるが、三尾君や息長君・坂田君らとの関係もウシ王の時からのものとみてよいであろう。ヲホト王一代でのつながりは案外少ないものと思えるのであり、ワニ氏の娘との婚姻は中央有力廷臣らの提案とヲホト王自身の積極的な意思によるものであった特殊な性格のものとみるべきではあるまいか。

先ほど述べたように、ワニ氏は葛城氏と並んで五世紀の王家の母族というべき性格を孕んだ有力な政治勢力なのであり、葛城氏が凋落した中でワニ氏がヲホト王との婚儀を結んでいるのは、王統譜の護持策と言うべきより高次の政治的政策のための措置ともみられ、問題の手白香皇女との結婚は皇女がワニ系であるところから、特別の重要性を帯びた婚儀であったと考えてよい。この関係を五世紀の王統譜への「入り婿」と捉えるのがこれまでの通説であるが、そうではなく、両者の婚儀を五世紀の王統譜の統合策とみることはできないかというのが筆者の考えなのである。というのも、ヲホト王は五世紀初頭に形成・創始された王統・王系の直系の後裔とみなすべき王族と推測できるからである。

第五に、ヲホト王の即位をめぐって王の「擁立勢力」がどのような氏族なのか、あるいはどの氏族が「支持勢力」なのかという議論が盛んであるが、この場合言葉の厳密な定義をしないままに恣意的な概念操作が行われているきらいがあるように感じられる。ヲホト大王の「擁立勢力」に三尾君・三国君・坂田君・息長君・尾張連らの后妃を出した地方豪族を基軸に考えることは誤りであり、彼らはあくまでヲホト王の「支持勢力」あるいは個別的な「臣従勢力」とみなすべきではなかろうか。

ヲホト王を地方豪族とみて王権を簒奪した、あるいは新しい王朝を樹立した王者であると考える研究者は往々にして地方勢力をヲホト王「擁立」の立役者と評価しがちであり、それには地方勢力の連合関係に基づく結束を背景とするというような見方や、あるいは鉄生産体制とその流通機構に参与した勢力を掌握し基盤としたというような想定をする向きがあるようであるが、ヲホト王を実際に「擁立」したのはワニ氏をまず挙げる必要があり、さらに書紀の記述に基づいて言うと大伴金村大連をはじめとして物部麁鹿火大連・許勢男人大臣らの中央豪族を主体とすると考えてよく、書紀には金村らが「枝孫を妙しく簡ぶに、賢者は唯し男大迹王ならくのみ」と断定したと伝えており、これは大王の「擁立」という行為を地方勢力が簡単に行える状況にはなかったことを意味する文章であろう。ウシ王・ヲホト王の父子がもし五世紀の王統譜に源拠を有する王族であったとしたならば、ますます「擁立」と「支持」の概念は明別されなければならないものと考えられるのである。

# 第二章　ヲホト大王の祖先系譜

## Ⅰ　ヲホト大王即位の謎

ヲホト王の即位は五〇七年のことである。この件に関し『古事記』武烈段には次のように記している。
天皇既に崩りまして、日続知らすべき王無かりき。故、品太天皇の五世の孫、袁本杼命を近淡海国より上り坐さしめて、手白髪命に合せて、天の下を授け奉りき。

冒頭の天皇とは小長谷若雀命すなわち武烈天皇を指す。武烈天皇は「此の天皇、太子无かりき」と記し、「日続知らすべき王」つまり後継者がいなかったとする。それゆえヲホトが即位することになったという。短い文章であるがゆえにここには解決しなければならない幾つかの問題があると思う。その一つは武烈天皇がそもそも実在した天皇なのかどうかという疑問である。

『古事記』は天皇について個別の論評などは何もしていないが、周知のように、『日本書紀』は応神・仁徳両天皇を徳の高い聖帝とみなし、雄略天皇には大悪天皇・有徳天皇という二面的評価を与え、武烈天皇は悪逆無道な暴君と記しており、中国流の擬似易姓革命・王朝交替の構想によって五世紀の天皇統治の歴史を説明しようとしている。史実がどうであったのかというよりも、有徳・無徳の基準による天皇統治の興亡史が描かれており、次の継体天皇の登場を必然化するための工作と言うほかはないのである。したがって継体天皇の出現が本当に日継の枯渇によるやむを得ない事態であったのかという問題については、両書の表面的な記述をそのまま信用できるのかという疑問と密接に結びついており、右の疑問には十分な説明が必要になると考えられるので、ここでは論議をすべて割愛し後章でふたたび取り上げてみたいと思う。

第二の問題は、ヲホトを「品太天皇の五世の孫」と記していることである。ヲホトの祖先を父から祖父・曽祖父へと順次に系譜を遡って丁寧に説明することをせず、一足飛びに五代前の品太天皇(応神天皇)の名を出してこれに結び付けていることである。これは相当に無理で強引な主張と言わざるを得ず、それには何らかの深刻な理由があったに相違ない。ヲホトの素姓が明確ではないという問題、彼の出自に関してさまざまな憶説が出されてきた要因はひとえにこの点にあるのである。

第三の問題は、ヲホトが「近淡海国(近江国)」から召し出されたとあることである。後に述べるように即位直前のヲホトは実際には大和国内にいたようである。書紀はヲホトが越前国から召されたと記すにもかかわらず、『古事記』は近江国と記している。こうした錯綜した記載には何か訳があるに相違ないが、従来の説では明快な説明が与えられておらず、問題が解決されないままになっているのである。

第四の問題は、ヲホトの即位は「手白髪命」との婚姻が不可欠の前提にあったと考えられていることである。前章でみたように、ヲホトには青年期以来数多くの妻妃がいたが、「天の下を授け奉りき」とされた前提にこの婚姻が特筆されている理由は何なのかということである。とりわけヲホトの手白髪命への「入り婿」論が盛んに行われており、地方豪族説に立つ論者はそのような見方をする場合が多いのであるが、根本的にそれは妥当な見解なのであろうか。すでに前章でこの問題に対する筆者の本質的な見解を披歴しておいたのであるが、本書では私見をより一層具体的に深めて論じてみたいと思う。

第五の問題は、「故」以下「授け奉りき」までの文章には主語が見当たらないことである。主語は廷臣全体とみなしてよいであろうが、ヲホトは主体的に大王位に就いたのではなく、他律的に、すなわち廷臣の推挙と要請を受けて天下を授けられたとしていることがわかる。筆者は当該文章に暗示されているヲホト王即位における廷臣の意志をことさらに重要視したいと思う。さらにまたそのことと密接に関連することであるが、ヲホト王が即位するに至る根本的・本質的な要因を明らかにする必要があると思う。ヲホト王と婚儀を結んだ地方豪族らをヲホトの擁立勢力とみなす論者も多いのであるが、すでに述べておいたようにそれは正しい見方とは言えないであろう。

いずれもきわめて重要な問題であるにもかかわらず、従来の学説ではなお万人を納得させる明快な説明が得られていないように思う。その最も主な理由はヲホトの真実の出自がまったく明らかになっていないためであり、本書では順次これらの問題に対する筆者の考えを論じていくことにしたい。本章では主にヲホト王の祖先系譜に関わる第二の問題を主として論じてみることにする。

## Ⅱ　ヲホト大王の祖先系譜

『古事記』はヲホト王が「品太天皇の五世の孫」であると公式に規定していることが判明した。同じ記述は『古事記』の継体段にもあることがわかる。

品太王の五世の孫、袁本杼命、伊波礼の玉穂宮に坐しまして、天の下治らしめしき。

武烈段の記述に引き続いて再び右の文章に出会う。執拗に過ぎる記述といえるが、ヲホト王は「品太王の五世の孫」という系譜的位置を占めているがゆえに即位が可能になったと説明している。ヲホト大王の磐余玉穂宮での即位と天下統治の正当性の根拠がいずれも王の系譜的立場に依ることが特筆されているのである。簡潔無比な記述であるためにかえって真実らしく見えるのであるが、多くの研究者はこの記述の裏を取ろうとしてどうしてもそれができないことに気付き、ヲホト王の素姓は不可解であり、『古事記』の主張は虚偽ではないかという疑念を懐くようになった。なぜかと言うと、ある天皇の出自はその父母や祖父母などの名や続柄を記すことによって明らかになるのであるが、右の記述ではヲホトの父母の名でさえ明かされておらず、一足飛びに「五世」も前の天皇の名が記されているだけなのである。徳川家康の先祖は源頼朝だというような類の唐突で乱暴な主張が平然と行われているのだ。

今、ヲホト王の祖先が「品太天皇(王)」であるという主張が成されていることがわかったので、いちど『古事記』応神段の記述を丁寧に調べてみることにしよう。応神天皇にまつわる伝承のなかにヲホト王の出自を探るための何らかの手がかりがあるかも知れないからである。

ところが、応神記をみてもヲホト王につながりそうな系譜的立場にいる人物が簡単には見当たらないことがわかる。応神と婚儀を交わした后妃は全部で十人とされているが、そのうちどの女性とその子女とが関係者に当たるのかが判然としないのである。なぜそういうことになるのかというと、それぞれの系譜がそこで完結してしまっていてヲホト王とのつながりが遮断されているからである。他の天皇の場合にはやがていずれかの場面で出自・系譜を明示する記述があるのだが、ヲホト王の祖先系譜の場合には、不完全あるいは杜撰な姿勢というより、むしろ積極的に要らぬ記載をしないようにするという方針であったようにも思われる節がある。

後に判明することであるが、実のところヲホト王に関係する記述とは次に掲げる文章である。

又咋俣長日子王の女、息長真若中比売を娶して、生みませる御子、若沼毛二俣王。一柱。

応神天皇と息長真若中比売との間に若沼毛二俣王という御子が生まれたというわけである。ところが、若沼毛二俣王の子孫が誰なのかについて『古事記』にはこの後に何らの記載もなく、ヲホト王との関係がまったく不明なままになってしまっている。

そこで、ヲホト王の出自に関わる系譜をこのままでは放置しておけないと考えた『古事記』の編者は、応神記の最末尾にヲホト王の祖先に関する詳しい系譜記事を新たに付け加えたようである。「又」という冒頭の文字が文章を改めて付加した事情を示しており、おそらく左に引用した文章は『古事記』の完成直前に挿入されたもので、『古事記』応神段の帝紀的記載事項だけでは満足しなかった編者が急遽補入したものであろう。

又此の品陀天皇の御子、若野毛二俣王、其の母の弟、百師木伊呂弁、亦の名は弟日売真若比売命を娶して、生める子、大郎子。亦の名は意富富杼王。次に忍坂の大中津比売命。次に田井の中比売。次に田宮の中比売。次に藤原の琴節郎女。次に取売王。次に沙祢王。七柱。故、意富富杼王は、三国君、波多君、息長坂君、酒人君、山道君、筑紫の末多君、布勢君等の祖なり。

理解しやすくするために右の系譜関係を図化してみると次のようになる。

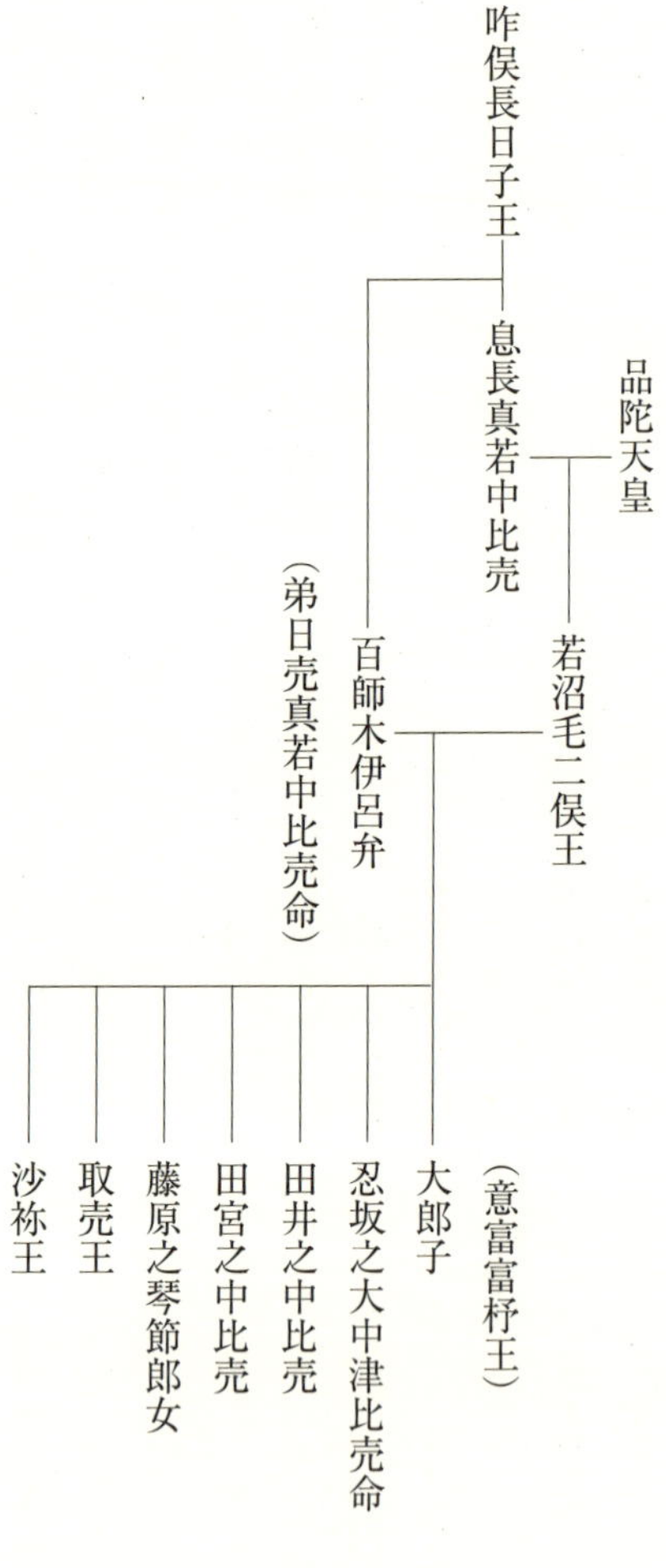


この系譜には明瞭な作為の跡が幾つかある。一つは、若沼毛二俣王とその叔母百師木伊呂弁との婚姻関係であって、不自然きわまりない甥と叔母との異世代婚である。このような婚姻がまったく不可能かといえばそのように断言することもできないが、笠井倭人氏の研究によりこのような異世代婚は天武朝にみられるものでその反映ともいうべき現象であることが明らかになり、若沼毛二俣王なる人物をどうしても系

譜上に設定しなければならないという政治的な要請に基づいて構想された偽系譜の疑いがあると思われる。

本来なら二俣王の子女たちは品陀天皇の次世代に位置づければよいものを、天皇系譜が応神天皇の次世代を仁徳天皇の世とし、忍坂之大中津比売を允恭天皇の后妃に位置づけるために、強引な世代間の調整を図る必要があったらしいのである。現に、『古事記』允恭段には次のような記述がみられるのである。

天皇、意富本杼王の妹、忍坂の大中津比売命を娶して、生みませる御子、木梨之軽王。次に長田大郎女。次に境の黒日子王。次に穴穂命。次に軽大郎女、亦の名は衣通郎女。次に八瓜の白日子王。次に大長谷命。次に橘大郎女。次に酒見郎女。九柱。凡そ天皇の御子等、九柱なり。男王五、女王四。此の九王の中に、穴穂命は天の下治らしめしき。次に大長谷命、天の下治らしめしき。

これにより、息長真若中比売を祖とする女系系譜は品陀天皇・允恭天皇との婚姻関係を重ねた存在、さらに安康・雄略両天皇を生んだ重要な一族であることが示されることになる。そして若沼毛二俣王は二俣の名によって応神天皇とその后妃との血筋・系譜がここで二つに分岐することを示す機能を持っている。すなわち品陀天皇の血統が允恭天皇との婚儀を通じての流れと、ヲホト王への系譜につながるものとに分岐する結節点の役割を果たしているのである。

しかし、このままではこの系譜が肝心のヲホト王といかなる関係にあるかがなお明確にはならないため、大郎子なる通称にわざわざ亦名を付して意富本杼王なる人物を挙示し、それにヲホト王ゆかりの後裔氏族のあることを註記して実体化しようと画策していることがわかる。しかしながら、こうすることにより意富本杼王がいかなる性格の人物であるのかが明瞭に露呈することになる。つまり、意富本杼王（オホホト王）は大（オホ）・小（ヲ）の観念をベースにして造作された一対の男性名の片割れであり、実在のヲホト王の祖先として捏造された架空の人物であることが明らかになるのである。

さらに作為性の明らかなもう一つの問題は、息長真若中比売が息長を名乗っていることである。右の系譜の範囲内で息長を称している人物はほかには一人もおらず、中比売の父とされる咋俣長日子王は『古事記』景行段の倭建命の子孫の項目に次のように記された人物である。

又一妻の子、息長田別王。・・・・次に息長田別王の子、杙俣長日子王。此の王の子、飯野真黒比売命。次に息長真若中比売。次に弟比売。三柱。

倭建命が「一妻」と結婚して生まれたのが息長田別王だとし、息長田別王の子杙俣長日子王に三人の娘が生まれたというのが右の系譜の中身である。「一妻」とは名前の知れないある妻の意である。

まず問題なのは倭建命の婚姻相手の女性名が書かれていないことで、系譜の原点そのものがきわめて疑わしく怪しい代物であると言える。次には、息長田別王に関して王族の名に息長という氏族名を付してあることは異例に属するもので、どうしても息長出自であることを強調する必要があるという意図によって、このような異例の王族名が造作・加上されたと考えられる。

この系譜記事により杙俣長日子王の出自は明白になるが、王の妻の名が示されていないので、父系のみにより息長の古い由来を明らかにしようとしていることがわかる。女系を無視するこのような系譜の延長と加上はいくらでも可能な工作なのであって、品陀天皇の妃である息長真若中比売が特別に息長を称している理由がこれでわかったと思われ、息長氏の先祖がはっきりと品陀天皇との婚姻を遂げたことを示すこの系譜は、ヲホト王が「品陀天皇の五世の孫」であることを確証させるための重要な言説になっているのである。

このように、『古事記』に記載するヲホト王の祖先系譜にはさまざまな問題が含まれていることが理解されるのであるが、最も大きな問題は、もし仮に右の系譜がすべて間違いのない歴史的な事実を掲載していたものであるとしても、大郎子（意富本杼王）からヲホト王までの中間の系譜がまったく示されていないことであろう。

ヲホト王の父や祖父のことはおそらくよく知られていた情報であろうから、それを『古事記』がまったく取りあげていないこと、むしろなぜか沈黙を守り通し書き記そうとしていないという事実は、ここにこそわれわれは何らかの重大な秘密が潜んでいるのではないか、さらにはその問題と連動する形で、意富本杼王以前の系譜にもさまざまな工作と作為が施されているのではないかという疑念を懐かざるを得ないのであって、その一半はこれまでにも指摘してきた通りである。そこで、『古事記』の分析作業を中断して『日本書紀』の関連系譜を調べてみることにしよう。

## Ⅲ　彦主人王

『古事記』に対応する『日本書紀』関連の系譜記事は次のようになっている。

次妃、河派仲彦の女弟媛、稚野毛二派皇子を生めり。　（応神紀二年三月条）

これを図化すると次のようになる。

誉田天皇
　　├──稚野毛二派皇子
河派仲彦──弟媛

『古事記』に息長真若中比売と記されていた女性の名がここでは単に弟媛とあるだけで、実像がはっきりしない。応神記の系譜では若沼毛二俣王と婚姻した百師木伊呂弁の亦名を弟日売真若比売と書いているので、おそらくこの女性が書紀では天皇の妃とされているのであろう。もし『古事記』がなければ弟媛が誰なのかということはまったく想像さえできないことになり、むしろ天皇の妃は誰でもよく、とにかく天皇の子に稚野毛二派皇子が確認されればそれでよいというのが書紀編者の立場のようであり、左のように皇子の系譜は忍坂大中姫につながるとされる。

穴穂天皇は、雄朝津間稚子宿祢天皇の第二子なり。母をば忍坂大中姫命と曰す。稚渟毛二岐皇子の女なり。

（安康即位前紀）

書紀は允恭天皇の皇后・安康天皇の母が忍坂大中姫であることを明記するが、『古事記』のように稚野毛二派皇子の男子にオホホト王がいたことすら省いている。これではヲホト王の系譜はきわめて不完全で、誉田天皇の系譜につながる存在であることを示すことにはならないであろう。すなわち、書紀は忍坂大中姫が応神天皇の孫で稚野毛二派皇子の女子であることさえ明らかになればそれでよしという姿勢であったと言わざるを得ない性質のものである。ここではヲホト王の系譜をより一層強く秘匿しようとする堅固な意志があるように感じられる。

ところで、『日本書紀』は養老四年五月に完成したが、その構成は「紀三十巻系図一巻」となっていた。そこで、薗田香融氏はヲホト大王の祖先系譜について書紀が右に述べたように不完全な内容になっている理由に関し、失われた系図一巻に若野毛二派皇子を起点とする詳しい系譜が記されていたのであろうと推測している。確かにその推定は当たっているとも言えるであろうが、仮に系譜が完備していたとしても、それが歴史的な事実を記載したものであるという保証は得られないのではあるまいか。というのも、後に述べるように書紀は『上宮記』一云と同類の稿本を下敷きにして系譜を綴っていた蓋然性があるからであり、そこにはすでに何らかの操作・造作が施されていたらしく、ヲホトの始祖を本文で応神天皇としていること自体が系譜の改竄を想定させ窺わせるものだからである。

ところで、書紀は『古事記』と相異してヲホト王の父と母に関する情報を詳しく書き記している。『日本書紀』継体即位前紀の冒頭に次のような記述があるので引用しておこう。

男大迹天皇〈更の名は彦太尊。〉は、誉田天皇の五世の孫、彦主人王の子なり。母を振媛と曰す。振媛は、活目天皇の七世の孫なり。天皇の父、振媛が顔容姝妙しくして、甚だ孅色有りといふことを聞きて、近江国の高嶋郡の三尾の別業より、使を遣して、三国の坂中井に聘へて、納れて妃としたまふ。遂に天皇を産む。天皇幼年くして、父の王薨せましぬ。振媛廼ち歎きて曰はく、「妾、高向に帰寧ひがてらに、高向は、越前国の邑の名なり。天皇を奉養らむ」といふ。天皇、壮大にして、士を愛で賢を礼ひたまひて、意豁如にましOます。天皇、年五十七歳、八年の冬十二月の己亥に、小泊瀬天皇崩りましぬ。元より男女無くして、継嗣絶ゆべし。

書紀もまた『古事記』と同様にヲホト王に関する最も重大な出自系譜を「誉田天皇の五世の孫」というきわめて簡単な記述で済ませようとしていることがわかる。しかし、書紀は『古事記』とは違ってヲホト王の父と母に関する伝記をかなり詳しく掲載している。母振媛のことはまた後に問題にすることにして、ここでは彦主人王に関わる記載事項を整理し検討しておこう。

まず第一に重要なことは、ヲホト王の父彦主人王（以下、すべてウシ王と記す）は振媛との婚姻前後の時期には近江国高嶋郡の三尾別業にいたとすることである。書紀にいう別業とは本居・本宅とは別に構えた田宅・園地・生産拠点のことで、次のような二、三の事例を別業とすることができる。宅・家・宮・田家・宅倉というようなさまざまな用字で表現されており、蘇我田家や阿都家・渋河家などは広大な田地を巡らす荘園の景観を、海石榴市宮は市の近くに皇女の宮殿があった様子を、住吉宅や大津宅倉は港湾に数多くの倉が敷設された光景を想像することができる。

大伴大連金村――――住吉宅

物部大連守屋――――阿都家・渋河家（「阿都は大連の別業の在る所の名なり」）

額田部皇女――――海石榴市宮（「炊屋姫皇后の別業を謂ふ」）

境部臣摩理勢――――蘇我田家
蘇我大臣蝦夷――――豊浦大臣大津宅倉

このように、ウシ王の三尾別業は有力な王族・大臣大連クラスの豪族らが所有した田宅・園地・生産拠点と同じ性格・機能を有する施設を想定させ、それが近江国高嶋郡の三尾に所在したことを意味している。すでに前章で述べたように三尾別業はウシ王が自ら確保したものではなく、当地に蟠踞していた三尾君一族の援助を得て設置され、主として三尾君らの手で経営・管理が行われたものと推測しているが、別業があったということは王の本宅・本居はこれとは別の土地にあったことを示唆するもので、多くの論者は書紀のこうした記述に惑わされて三尾の別業以外にウシ王の本宅が近江国または畿内のいずれかの地に所在したと想定しているのであるが、そのような見方はいずれも誤りで、実のところ三尾の地にウシ王とヲホト王の本宅があったとみるのが妥当であろう。その理由についてはいずれ明らかにしようと思う。

第二に、ウシ王は三尾の地において妃の候補を探索した結果、越前国坂中井にいた振媛という女性との婚儀を行った。ウシ王の妻は振媛以外にはまったく伝えられていないので、振媛との婚儀は王が成人した時期に近い頃行われ、ヲホト王の出生を得た数年後には、「天皇幼年くして、父の王薨せましぬ」とあるように他界したと推測できる。

すなわち、三尾別業の設置と王の婚儀とはほとんど並行した時期に行われたと考えてよく、それにはウシ王の生涯においてかなり重要な理由があり意味があったとしなければならない。筆者はあるやむを得ない事情・理由からウシ王は近江国坂田郡の息長氏の本拠地にいたが、成年になるのを契機として高島郡に転居し、三尾君の一族が設置した三尾別業において成年式・婚儀・男子出生という一連の通過儀礼を行ったと推考している。それはおそらく坂田郡における王の過去の全生活との訣別を意味するもので、換言するならば、高嶋郡三尾において王は自身の新たなる生活と人生の第一歩を踏み出したと言うべきものであろう。なぜそのような見方ができるのかという点に関しては後に明らかにしたいと思う。

第三に、父王を失ったヲホトは母の桑梓である越前国の高向邑(坂井郡高向郷)において養育され成長し壮年期を過ごしたと記していることであり、この記述を信用してよいのかという問題である。

文章を素直に読むと確かにヲホト王は父王没後かなり早い時期に母に伴われて越前へ移居したように記されているが、これは振媛とその母胎となる氏族(三国君)の立場を称揚する性質を帯びた文章であって、ヲホト王はそれだけ多くの時間を振媛の里で過ごした、つまりヲホト王を手間暇をかけて養育し成長させたのは振媛の一族なのだというある種の功績を強調しようとする意図に基づく作文の疑いがあるだろう。そして、このような功績譚を最終的にまとめ上げたのは三国氏ではなく大伴氏であったのではなかろうか。書紀の継体即位前紀こそは大伴大連金村の功績譚にもなっているからである。三国氏の家伝に大伴氏が手を加えたものが書紀の文章に定着したのだと考えられるだろう。

確かにヲホト王は越前で過ごした時期があり、大伴大連金村から即位の要請を受けた時に居住していた場所は、書紀が「臣連等を遣して、節を持ちて法駕を備へて、三国に迎へ奉る」と記すように、「三国の坂中井」「高向」であった。『延喜式』神名帳に高向神社(坂井市丸岡町高田)がみえ、九頭竜川の北岸に当たる旧高椋村の地域が振媛の本拠地でありまたヲホト王の居所であった。しかし、この地はヲホト王の本居・本宅の地ではなかった。本宅はあくまでも近江国高嶋郡三尾にあったとされねばならない。ヲホト王は父王の宮居であり、またそこで死没した三尾別業を伝領していたと考えなければならないからである。そこで、書紀がヲホト王の即位直前の居所を越前の三国と記しているのを単純に信用すべきではないと思う。

結婚後夫を早くに亡くした振媛にとって、近江国三尾は異郷であり異国とも言うべき性質の土地であった。彼女にはヲホト以外に子どもがなく、また夫ウシ王にもどうやら兄弟姉妹がひとりも無かった模様で、振媛としては頼るべき眷族が誰もいない土地でよりも親族のいる故郷での方が生活しやすかったことは確かであろう。そういうことからするとヲホト王は幼児の時に越前へ移居したとする想像が生ずるのは致し方の無いことではあるが、実際には息子が成人する頃まで振媛は三尾の地に留まって子どもを養育したのではなかろうか。そのことが三尾君の娘との最初の婚姻、あるいは尾張連・坂田君・息長君らとの婚儀につながっているのではないかという想定も可能なのではなかろうか。しかも、よくよく考えてみれば近江の三尾と越前の坂井とはかけ離れた土地ではないのであって、双方の集団が往来するのにそれほどの時間は要しなかったであろう。そこでわれわれとしては書紀の表面的な記述にやすやすと引っかかってはならないと思うのである。

## Ⅳ 『上宮記』一云の伝承

『古事記』『日本書紀』以外にヲホト王にまつわる伝承を記した史料が『上宮記』一云と通称されている伝記である。この伝記は『釈日本紀』と呼ばれる『日本書紀』の注釈書に引用された『上宮記』なる謎の書物に記されていた継体天皇の系譜伝承で、著者の卜部兼方は、自分の手元にあった上宮王（聖徳太子）に関する何らかの伝記の中に継体天皇にまつわる系譜記事があるのに気付き、それを「一云」という形式で引用しているのである。

この伝記には『古事記』『日本書紀』両書と共通する事項と、そうではない独自の記述があることに注意する必要があり、さらに黛弘道氏が指摘しているように両書よりも時期的に古い用字法が存在し、七世紀前半から中葉前後の時期にまとめられたものではないかというのが現在の学界の評価である。

すなわち、『上宮記』一云は『古事記』『日本書紀』に先立ってまとめられたヲホト大王の祖先系譜であり、その内容には右の両書と共通の事項とそうではない独自の伝承とが混交しているとみられるのである。そのなかでもとりわけ、ヲホト大王の父方の先祖を「凡牟都和希王」と記している点、ヲホト大王の祖父「乎非王」・父「汙斯王」の名や、さらには祖父乎非王の生母を「中斯知命」と明記している点など、両書からはまったく窺い知ることのできない重要な記述のあることに注意しなければならないと思う。

そこで、とにかくまずは伝記の全文を左に引用してみることにしよう。釈読については黛弘道氏の研究を参照させていただくが、一部解釈の異なる部分と段落の分けかたとについては筆者自身の考え方に基づいていることを明記しておく。それぞれの段落の冒頭にⅠ～Ⅲの記号を付している。

Ⅰ　上宮記に曰く。一に云ふ。凡牟都和希王、洷俣那加都比古の女子、名は弟比売麻和加に娶ひて生める児若野毛二俣王、母々思己麻和加中比売に娶ひて生める児大郎子、一名意富々等王、妹踐坂大中比弥王、弟田宮中比弥、弟布遅波良己等布斯郎女の四人なり。此の意富々等王、中斯知命に娶ひて生める児乎非王、牟義都国造、名は伊自牟良君の女子、名は久留比売命に娶ひて生める児汙斯王、

Ⅱ　伊久牟尼利比古大王の児伊波都久和希の児伊波智和希の児伊波己里和気の児麻和加介の児阿加波智君の児乎波智君、余奴臣の祖、名は阿那尒比弥に娶ひて生める児都奴牟斯君、妹布利比弥命に娶ひます。

Ⅲ　汙斯王、弥乎国の高嶋の宮に坐しし時、此の布利比弥命の甚美しき女なりといふことを聞きて、人を遣はして三国の坂井県より召し上げて娶ひて生める所は、伊波礼の宮に天の下治しめしし乎富等大公王なり。父汙斯王崩りたまひし後、王の母布利比弥命の言ひて曰く、我独り王(子)を持抱て親族部なき国にあり。唯我独り養育たてまつること難しと云ひ、尒に祖に在す三国命の坐す多加牟久村に将て下り去く。

Ⅰはヲホト大王にまつわる父系系譜を記す。ⅡはⅠから継続してヲホト大王の生母フリヒメの祖先系譜を中心に記載している。Ⅲはヲホト大王の父母の婚姻の由来、父の夭逝のこと、母の生家での養育と成長のことを記す。論述の都合上Ⅲの伝記から検討を始めたい。

さて、Ⅲに書かれていることは先ほど検討した継体即位前紀の冒頭部分とほとんど変わらないことがわ

かる。すなわち、書紀の記述はⅢの伝記を参照しそれに書紀編者一流の文飾を加えて成立したものか、あるいは坂本太郎氏などが早くから指摘しているように、両者に共通した稿本に基づきまとめられたものとみなしてよい。ただし、Ⅲの方がより古い用字法によっていることが理解でき、弥乎国・坂井県・伊波礼宮・多加牟久村などの古い行政地名を記していること、天皇号を用いず王・大公王・王子・比弥などの古称を遺していること、とりわけ汙斯王の三尾別業に関して「高嶋宮」と記している点、王の死を「崩」と表現している点などにはとくに留意される。

これまでのヲホト大王論には父親のウシ王に関する検討が乏しいという憾みがあったように思われるのであるが、右に指摘した二つの疑問点に焦点を当ててみると、「三尾別業」という書紀の捉え方とⅢの「高嶋宮」とでは本質的に性格が相異するのではないかと考えられる。すなわち「高嶋宮」こそはウシ王の本居であったために宮号をもって記載され、ひいてはヲホト王がこの宮を伝領し本居としていたことを臭わせようとしているのに対し、書紀はより強く越前とヲホト王との関係を強調せんがために「三尾別業」という表現形式にすり変え、そこがヲホト王の本居・本貫とは違う性質の施設であることを暗示しようと企図したのだと推測されるのである。

遺憾ながら『古事記』は三尾のことをまったく記載していないので、ウシ王・ヲホト王の関係した「高嶋宮」が天武天皇らの編者によってどのように把握されていたのかはわからないのであるが、本章冒頭で指摘したように、『古事記』は「袁本杼命を近淡海国より上り坐さしめて」と記していて、越前ではなく近江が大王の本居・本貫であったかのようになっているのは、この「高嶋宮」の存在が暗々裏に強く意識されていたからではなかろうか。

そうではなく、ウシ王・ヲホト王父子が息長氏の出身だったために近江国から召し上げたのだというのがこれまでの大方の見方であったように思われるのであるが、すでに前章でも指摘し強調しておいたように近江国坂田郡とウシ王・ヲホト王との関係についてはかなり希薄で、坂田郡に父子の経営する何らかの宮があったとは考えられない。その本当の理由は次章で明らかにしようと思うが、「高嶋宮」こそが彼らの公式の本居・本貫であったので、『古事記』がヲホト大王を近江国から召し上げたと記したのであると考えたい。

そしてこの「高嶋宮」はウシ王のいわば正宮であったことと、もう一つの理由にウシ王がそれなりの系譜的立場にある人物であったために、王の死没をことさらに「崩」と記したのではなかろうか。言うまでもなく「崩」は大王・天皇の死没の場合に使われる用字であり、書紀は律令制の原則に従って「薨」字を使用しているが、ウシ王の地位・身分にはそれなりの実体が備わっていることを確実に知っていたので、律令法をまだ知らない『上宮記』一云の記者は大王の崩御に準ずる意味合いにおいて「崩」と記したのではなかろうか。書紀は「崩」字の帯びる重みを配慮して天皇ではなかったウシ王の死没を「薨」字に書き直したことは明らかである。すなわち、こうした点からウシ王もまたヲホト王と同じく王統譜上きわめて重要な地位・身分の人物であったと推定できるのである。

次にはⅠを検討してみよう。ここでⅠの系譜内容を図化すると次のようになる。ただしⅠにはヲホト大王の母のことは記されていないので、Ⅱの系譜記載をも参照して系譜を綴ることにする。

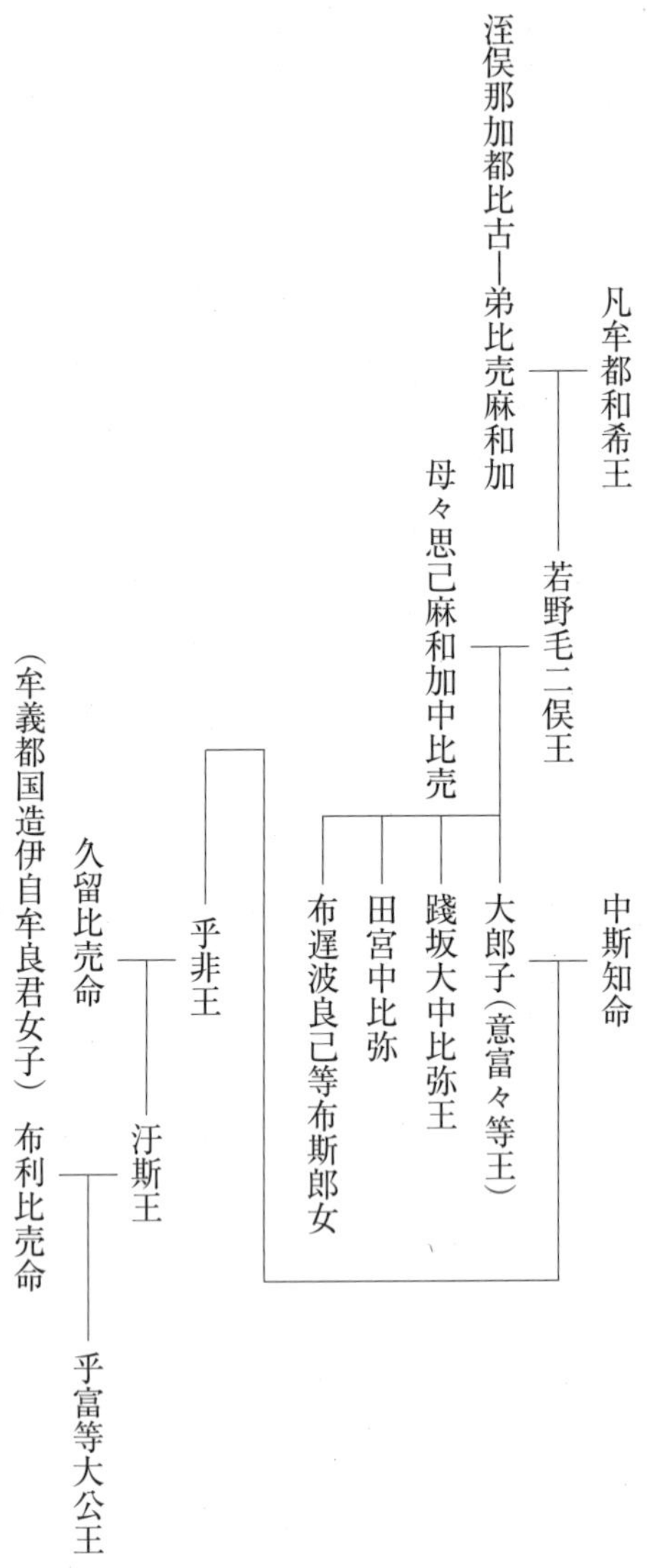


先ほど、『上宮記』一云に載せる系譜・伝記は『古事記』『日本書紀』のものより時期的に先行し、両書にみえるヲホト大王の祖先系譜は『上宮記』一云またはそれと同類の稿本の記載事項を基にして記述されているらしいことを指摘したが、とりわけ『古事記』応神段の系譜と比較してみると、『古事記』は次のような点で改作・潤色を行っていることがわかる。以下、箇条書きにして示す。

ア　凡牟都和希王を品太天皇に書き換えている。

イ　王の妃を弟比売麻和加から息長真若中比売に書き換えている。

ウ　若野毛二俣王の妃を母々思己麻和加中比売から百師木伊呂弁（弟日売真若比売）に書き換えている。

エ　弟比売麻和加と母々思己麻和加中比売の関係を示していないのに、姉妹関係であることを明記している。

オ　大中比弥王の践坂が忍坂に書き換えられている。

カ　若野毛二俣王の子女は四人であるのに、七人に増えている。

キ　大郎子（意富々等王）と中斯知命以下の系譜をすべて無視している。

これは系譜の書き換えの見本のようなものと言える。恣意的な改竄により天皇系譜もきわめて簡単に違うものに歪曲されていることがわかる。アの王（天皇）名の変更がそれであり、重大な改変であり改造と評すべきである。

次に、イ・ウ・エはこの系譜が誰のものであるかを公知させるための措置であり、息長氏の手が入っていることが明白である。書紀は弟媛を応神の妃とみなしたが、『古事記』はわざわざ姉妹の系譜上の位置を取り換え、品太天皇と息長氏の娘との婚姻によって若野毛二俣王系譜を完成させようとしているのである。

ところで、ここでとりわけ留意すべきことは、『上宮記』一云でさえすでに息長氏の改竄の手が及んでいることであり、右の系譜はおそらく宮廷に伝わっていた「帝紀的な王統譜」と息長系譜との合成によって成立したものであると考えられるのである。一例を挙げると、布遅波良己等布斯郎女すなわち藤原琴節郎女は息長氏とは元来無縁で無関係な女性であり、允恭天皇の唯一人の本物の后妃であったが、忍坂大中姫を允恭天皇の皇后に強引に据えるために息長系譜中に組み込まれたのだと考えられる。息長氏は郎女の存在とその伝承を無視することができなかったので、自氏族の系譜中への取り込みを図り、大中姫の実体化を狙ったのであろう。

右に「帝紀的な王統譜」と称したものは一体何かというと、ヲホト王の祖先系譜を父系を軸にしてより単純化して示すとわかり易くなる。

（大郎子）

凡牟都和希王——若野毛二俣王——意富々等王——乎非王——汙斯王——乎富等大公王

これによれば、ヲホト大王は凡牟都和希王から数えて「五世の孫」とも言うべき系譜的位置を占める人物となる。『古事記』『日本書紀』では、すでにみてきたようにヲホト大王は「品太王（誉田天皇）の五世の孫」と公定しているので、一世王たる若野毛二俣王を基点に据えて「五世の孫」と数える方針をとっていたことがわかり、両書の編者らは明らかに『上宮記』一云に記載された系譜に依拠していると言えるのであるが、ここでとりわけ注意しておかなければならない点は、『上宮記』一云の記者がヲホト大王を凡牟都和希王の五世の孫という形で明確に規定しそれを強いて標榜するようなことをいっさいしておらず、そのような見方を強調しているのは『古事記』『日本書紀』両書の編者らだけであって、両書の規定をそのまま恣意的に『上宮記』一云にまであてはめて論じることは学問上許されない行為であろう。

推測するに、井上光貞氏がすでに明らかにしているように、ヲホト大王の世計がことさらに問題視されるようになったのは、文武天皇の慶雲三年二月に「令に准ずるに、五世の王は、王の名を得ると雖も、皇親の限りに在らず。今五世の王は、王の名有りと雖も、已に皇親の籍を絶ちて、遂に諸臣の例に入る。親を親とするの恩を顧み念うに、籍を絶つの痛みに勝えず。今より以後は、五世の王を皇親の限りに在らしめ、其の嫡を承くる者は相承けて王と為よ」との大宝継嗣令の条文の改定が図られ、五世王が改めて皇親の範囲内に数えられることになったことによるであろう。こうした改定の動機が奈辺にあったのかは明らかではないが、ヲホト大王の世計が右のようにいずれも「五世」とされたことと、五世の王が皇親の範囲に繰り入れられた措置とはさまで無関係ではなかったと考えられるのである。

先ほど指摘したように、『上宮記』一云に記された系譜はすでに事実上ヲホト大王の世計を凡牟都和希王の五世の孫としていたのであるが、しかるに一云の記者は「五世の孫」という概念に特に強い意識やこだわりを持っていた証跡は見当たらず、むしろ若野毛二俣王・意富々等王など虚構の人名を捏造して、系譜の造作・加上という行為に余念がなかったと言う方が正しいのではなかろうか。そうすると、われわれが応神天皇の「五世の孫」という問題に余りに熱中し過ぎることは、ヲホト大王の祖先系譜の核心とも言うべき事項とは違う次元で重大な過誤に陥る危険性があり、改めて世計の問題については、『上宮記』一云がヲホト大王を凡牟都和希王の子孫であり後裔であるとみなしていた事実を再確認し、さらに若野毛二俣王と意富々等王（大郎子）の二人は応神・仁徳両天皇を基点とする王統譜の形成の必要上息長氏の手で造作された虚像である点を考慮に入れると、本来は凡牟都和希王からヲホト大王までを含めた次のような形がヲホト大王の実際の世計・祖先系譜であったとすべきである。

凡牟都和希王――〇〇王――乎非王――汙斯王――乎富等大公王

凡牟都和希王を起点として「四世の孫」とみなすべきこの系譜こそがヲホト大王の真実の祖先系譜であったとすると、ヲホト大王はまさしく五世紀の直系王族であったとみなすことができるであろう。しかし、息長氏とのいっさいの関係性を否定できたこの系譜でさえ、その実相がいかなるものであるのかについてはまだまだ不明としか言いようがない。凡牟都和希王を始め汙斯王に至る人物像がなおまったく究明できていないからである。系譜の全体像を明らかにするためには従来の方法論をこねくり回していたのでは決して真相に近づくことはできないと思う。

筆者はヲホト王の祖父乎非王が何者であるのかを究明することが歴史的真実に接近するための最短で最良の方法であろうと考える。なぜならば、『古事記』はおろか『日本書紀』にもヲホト王の祖父のことがいっさい触れられていないからであり、これはどうやら両書が乎非王を系譜上秘匿すべき最重要人物であるとみなしていた証拠であると推測されるからである。次章で私見の全容を披歴するが、その前にヲホト大王の母系系譜を少し検討してみることにしよう。

## V　振媛の祖先系譜

『日本書紀』継体即位前紀には「振媛は、活目天皇の七世の孫なり」とする記述がある。活目天皇とは垂仁天皇のことであるから、振媛の遠い祖先は天皇だったことになる。しかし、これが真実の言説であるとは誰も信用しないであろう。なぜなら、ヲホト大王と同じく中間祖の名がすべて割愛されているからであり、このような言説には人を納得させる確かな根拠がないからである。書紀の編者は『上宮記』一云またはそれと同類の稿本に記載のあるⅡの系譜により右の短文を書き記したと推測できる。今それを系図の形で表すと次のようになる。

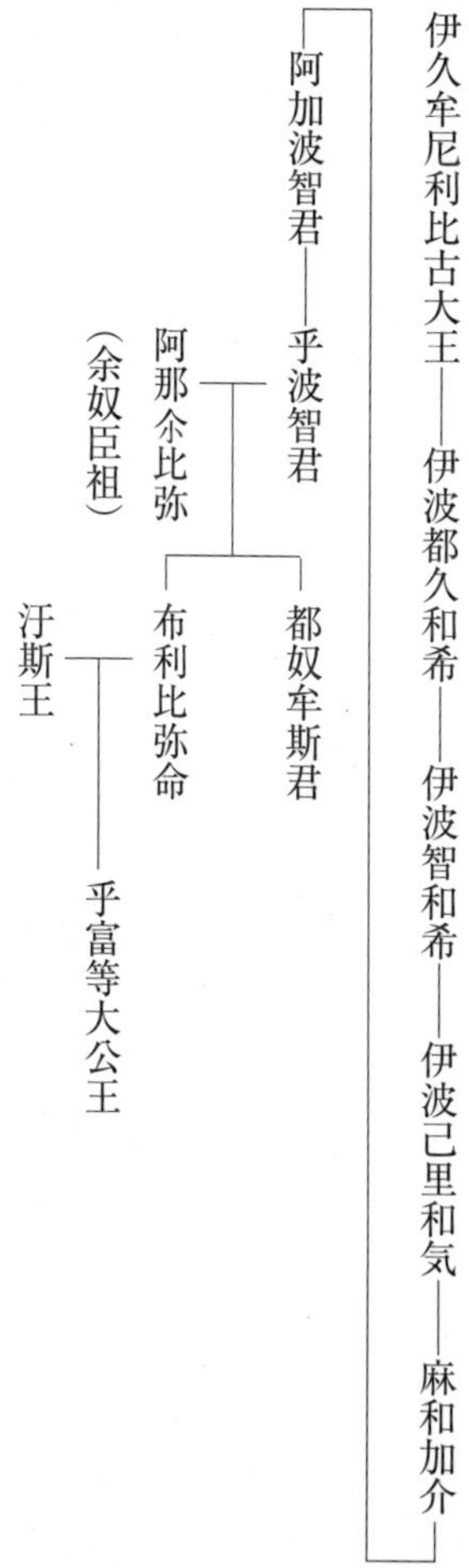

まず振媛(布利比弥)の母は余奴臣であることが判明する。余奴臣は越前国坂井郡の北に接する加賀国江沼郡を本拠地とした豪族江沼(江野・江渟)臣を指す。江沼臣は江沼国造になった一族とみてよい。加賀国は弘仁十四年にようやく越前国から分立したので古くは越前国の部内であり、振媛の父乎波智君は隣接する土地の有力豪族と婚姻関係を結び、坂井(三国)地方における自己の勢力を強化し固めようとしたのであろう。問題は乎波智君がいかなる氏族なのかという点にあるが、乎波智君の先祖は三尾君氏であるとみるのが大方の定説である。というのも、右の系譜の始祖に当たる伊波都久和希について『古事記』『日本書紀』には、

又其の大国の淵の女、弟苅羽田刀弁を娶して、生みませる御子、石衝別王。
次に石衝別王は、羽咋君、三尾君の祖。

(『古事記』垂仁段)

仍りて綺戸辺を喚して、後宮に納る。磐衝別命を生む。是三尾君の始祖なり。

(『日本書紀』垂仁三十四年三月条)

又妃三尾氏磐城別の妹水歯郎媛、五百野皇女を生めり。

(『日本書紀』景行四年二月条)

とあって、天皇と山代の首長の娘カリハタトベとの間に生まれた子と伝えている。そうすると三尾君は元来山城国の宇治郡・相楽郡など木津川右岸の地域を本拠地とした豪族とみることができそうであるが、実際には前章でも述べたように近江国高嶋郡を本居とする豪族であって、このような系譜は三尾君がヲホト

大王との外戚関係を結んでから後に皇室系譜に参入しようとした結果形成されたものと言えるだろうし、前に指摘したように三尾君は山背国綴喜郡に進出して王都近辺での活動拠点を確保していたのである。右の系譜関係に能登国羽咋郡の羽咋君や加我国造の道君などが結びついているのも地方豪族の中央指向を意味するもので、三尾君を核とする政治的な結合と言える。

羽咋国造　泊瀬朝倉朝の御世に、三尾君の祖、石撞別命の児石城別王を国造に定め賜う。

（『先代旧事本紀』国造本紀）

羽咋公　同天皇皇子磐衝別命之後也。

（『新撰姓氏録』右京皇別・下）

加我国造　泊瀬朝倉朝の御代に、三尾君の祖、石撞別命の四世の孫大兄彦君を国造と定め賜う。

（『先代旧事本紀』国造本紀）

右の所伝から三尾君の祖先系譜は「磐衝別—磐城別—○—○—大兄彦君」の系譜を描くことができるが、世代関係からいうと大兄彦君が『上宮記』一云の阿加波智君に相当し、その亦名であったと解することが可能のようである。そうすると振媛の出身氏族は三尾君ということになり、改めて三尾君を越前国坂井郡の有力豪族と推定することができるだけではなく、ヲホト王の母家は三尾君であったと結論づけることができるのである。

ところが、振媛の祖先系譜を今いちどよく観察してみると、麻和加介と阿加波智君の間にはある種の断層があることがわかり、麻和加介はどうも二つの別々の系譜を接着させるために捏造され挿入された意味不明の人名らしく、この人物を挟んで前半は一系主義の原則により統一され画一化された三尾君の祖先系譜であり、阿加波智君から始まる後段は別の氏族の父系母系双方を重視した祖先系譜のようである。水谷千秋氏は、氏独自の分析によってフリヒメの祖先系譜は近江の三尾氏の祖先系譜に二次的に越前の江沼（余奴）臣が手を加えて成立したものと結論づけられているのだが、筆者は前半部の三尾君の系譜に三国君の祖先系譜を接ぎ木したものと想定し、阿加波智君以下の男性はすべて三国君であると考えている。

また、前章で詳しく論じたように三尾君の本拠地は近江国高嶋郡であって、越前国坂井郡には三尾君の枝氏が移住していた可能性が強いことと、関係地名である水尾郷は坂井郡北部の旧北陸道沿いの地域で、振媛がヲホト王を連れ帰ったとされる高向邑（多加牟久村・高向郷）とはややかけ離れた地域であること、さらに、本郡の最有力豪族は三国君（三国公・三国真人）であり、三国君は坂井郡内では荒墓郷・磯部郷・長畝郷・川口郷・海部郷など九頭竜川右岸の山麓地方に広く居住していたようで、現在の坂井市丸岡町南端で九頭竜川が平野に流出する左右の山上には六呂瀬山古墳群・松岡古墳群など越前国を代表する有力な古墳群が所在していることから、これらの古墳群の被葬者は三国君の前身勢力とみなすことが妥当であり、大橋信弥氏が強調しているように、振媛の出自氏族もこの三国君一族とみなすのが妥当であると思われる。

三尾君はウシ王に「高嶋宮」を献上しウシ王を支えた勢力であり、また即位以前のヲホト王に最初に女性を入内させた氏族でもあって、その意味ではヲホト大王にとっても看過できない重要な支持勢力であった。そのために、三尾君の祖先系譜が『上宮記』一云において大きな位置を占め、『古事記』『日本書紀』にも採択されたことにはそれなりの理由があったとされねばならないのであるが、それゆえに振媛の出自を三尾氏と論定することは誤りであると考える。

最後に、この系譜の冒頭に置かれた伊久牟尼利比古大王について考えるところを述べてみよう。まず「大王」号であるが、ヲホト大王の父系系譜の冒頭に出る凡牟都和希王は「王」号であって「大王」とは記されていない。この点は系譜全体に統一と調整が施されていないことを示しており、その理由として考えられることは父系系譜と母系系譜の出所が違っていた事実、つまり父系系譜は宮廷に伝えられていた「原帝紀」ないしはヲホト大王自らが持ち伝えていた古伝承によるもので、凡牟都和希王は「大王」号がまだ歴史的には実在しない段階の王者であったことを示しているのに対し、伊久牟尼利比古大王はすでに「大王」号が王者の称号として定着していた時期に加上されたものであることを物語っている。

私見では「大王」号を創出した王はヲアサヅマワクゴスクネ王すなわち允恭天皇であると推測しており、右の三尾君の祖先系譜に登場する伊久牟尼利比古大王＝垂仁天皇の時期には「大王」号は存在しなかったと言わねばならない。千葉県市原市の稲荷台一号墳から出土した鉄剣の銘文には「王賜」という文字が刻まれていたが、本墳の被葬者は五世紀前半から中葉頃にヤマト王権に臣従し王から鉄剣を下賜された人物であったと考えられている。「大王」号の登場はそれより少し時期の下る允恭朝の後半期であったとみられるので、微妙ではあるが当時はなお「王」号の時代であり、三尾君は継体朝以後に頭角を現した氏族なのであるから、このような祖先系譜を持つようになったのも六世紀以降であり、欽明朝後半に始まる「帝紀・旧辞」の編纂という動向に触発されて祖先系譜を整え、次いで自家の祖先を垂仁天皇の后妃のひとりカリハタトベに結び付けることを公許され、垂仁天皇を当時の「大王」号で表記するに至ったのだと考えられるのである。

ところで、興味深いのは伊久牟尼利比古大王と凡牟都和希王は『古事記』『日本書紀』の天皇系譜では父子の関係と伝えられていることである。このうち前者は実在しない虚構の天皇で、実在したのはクメノイサチなる親衛軍の長官兼ヤマト王権の高官であり、その子どもこそがホムツワケ王であったという事実である。ホムツワケ王の生母は垂仁天皇の最初の后妃とされるサホヒメと伝えているが、このヒメこそは始祖帝王ホムツワケを生んだ女王であったと考えられる女性である。詳しくは拙著『古代女王制と天皇の起源』(清文堂出版、二〇〇八年)を参照されたいが、以上の関係を先ほど結論づけたヲホト大王の真実の祖先系譜と結合してみると次のようになる。

クメノイサチ
女王サホヒメ
――ホムツワケ王――○○王――乎非王――汙斯王――乎富等大公王

振媛は夭逝したウシ王とほぼ同世代の人物なのであるから、もし仮に彼女の祖先をたどってみると、乎波智君の祖父とされる麻和加介あたりがクメノイサチとほぼ同世代に当たることになり、その前後以前の系譜は三国君の祖先系譜においてもすでに不分明となっていた公算が高いのである。そして、右の系譜から推測される最も重要な事実は、ヲホト大王がヤマト王権の王統譜に直接つながる人物ではなかったのかという疑いなのである。この課題を明らかにするためには先ほど指摘しておいたように祖父乎非王の実像を究明する必要があると思われるのである。

# 第三章　眉輪王事件

## Ⅰ　ヲホト大王の祖父

ヲホト王の祖先系譜には隠された事項、秘匿を要する重大な事実があり、そのためにこれまで王の出自・素姓がまったく不明のままになってきたと推定するのが筆者の見解である。では、その秘匿を要する事項・事実とは一体何なのであろうか。ヲホト王は傍系の王族であるのか、はたまた純然たる地方豪族なのか、あるいはそれらとはまったく違う素姓の人物なのかという最も核心を突く困難な課題とともに、本章では最近になってようやく形を成してきた筆者の試案を大胆に披歴してみることにする。

さて、すでに指摘したように近江の地方豪族息長氏がヲホト大王の出身氏族であると推定するのが最近の定説であるが、残念なことにこの説には確かな史料上の証跡が見当たらないのである。しかるに、それとは反対に傍系の王族であるとみなす論者もなお多いが、この説をとる研究者も、それならヲホトを王族だとみなし、具体的にどのような意味・実体での傍系王族なのかについて何らかの実証的な論拠を提示しているのかというと、それはまったくできていないと言わざるを得ないのである。単に傍系の王族だと言うだけでは雲を掴むような話なのであり、史料的な根拠を示さないではヲホト王の実体を把握することは決してできないからである。

筆者は前章に述べておいた論拠に基づき地方豪族説に反対の立場をとり王族説に賛同するが、その具体像に関して何らの根拠も示されていない従来の諸説にはとうてい与するわけにはいかない。そこで、以下には史料的な根拠を示しながらこの課題を実証してみることにしたい。

息長氏とウシ王・ヲホト王との関係について試みにわかりやすい比喩を使って説明すると、伊豆国の北条時政の一族が源頼朝を流人として監視し庇護下に置いたという史実に類似するものと考えている。すなわちウシ王は近江国坂田郡の息長氏に身柄を預けられた罪人の子どもであったと考えられるのであって、ウシ王の父つまりヲホト王の祖父ヲヒ王こそが源義朝に相当する大罪人に当たると推定するのであり、義朝は平治の乱を起こした張本なのである。後に頼朝が平氏政権に反旗を翻すと北条一族は一転して頼朝の最大の庇護者・支持勢力となった。息長氏はそれと同じような立場で急速に歴史の表舞台に登場することになったと考えるのであり、多くの研究者が推定しているように息長氏がヲホト王の出自母体とする見解や、古くから王室と密接な関係のあった「皇親氏族」とみる説にはまったく賛同できないのである。

周知のように、『上宮記』一云にはヲホト王の祖父に当たる人物の記載がある。それに関連する文章を改めて次に引用してみることとする。

此の意富々等王、中斯知命に娶ひて生める児、乎非王。牟義都国造、名は伊自牟良君の女子、名は久留比売命に娶ひて生める児、汙斯王。

右の系譜記事を図化すると次のようになる。

意富々等王
　├──乎非王
中斯知命　　├──汙斯王──ヲホト王
　　　　久留比売
（牟義都国造伊自牟良君女子）

ヲホト王の祖父は乎非王という名の王族であると書かれていることをまず確認しておき、理解しやすいように乎非王をこれからはすべてヲヒ王と記すことにしたい。次にヲヒ王の妃は久留比売（以下、クルヒメと記す）という名の女性で、牟義都国造の伊自牟良君の娘としていることがわかる。牟義都国造は美濃国中央部（岐阜市より東側の美濃市・関市・美濃加茂市・武儀郡一帯の地域）に蟠踞した有力な地方豪族で、書紀には雄略天皇に仕えた身毛君大夫という名の人物がみえており（雄略紀七年八月条）、世代的には伊自牟良・クルヒメらとほぼ重なるとみてよいだろう。ただし、国造制の施行時期については六世紀以後と考えてよいので、「牟義都国造」の肩書部分は系譜を記した時期の潤色とみなすべきである。五世紀中葉から後半の時期に、牟義都（身毛）君一族は宮廷に仕え王族との婚儀を模索しつつ、中央政界への指向を強めていたことがわかる。

それではヲヒ王とは何者と考えることが可能であろうか。ここではまず人名の意味からアプローチしてみることにしたい。

ヲヒ王の子どもウシ王は『上宮記』一云では「汙斯」とあるが、書紀には「彦主人」と記すので、名の意味は尊い人ということでこれは通称の類であろう。では、古代の日本語で乎非＝ヲヒと呼ばれたものとは一体何を指すのであろうか。おそらくそれは親族関係を表す「甥」の意味に使用された語と推定するのが妥当であると考えられる。書紀の成務四十八年三月条に「甥足仲彦尊を立てて、皇太子としたまふ」という記事があり、成務天皇は異母兄日本武尊の子足仲彦を後継者としたので「甥」と記したことがわかる。また、欽明三十年正月条には「膽津　膽津は王辰爾が甥なり」という註記があり、王辰爾の兄味沙の子を甥と表現したものと考えられる。

ところで、すでに黛弘道氏は国語音韻学の面から「乎非」を次のように解釈している。

> 乎非はヲヒであり、甥のことと思われるが、『新撰字鏡』『和名抄』には乎比とあり、比（甲類）と非（乙類）と音を異にするから、早急な判断は避けなければならない。しかし十世紀頃の成立である右の各書に乎比とあるにもかかわらず、八世紀、天平十年前後の成立と推定される「喪葬令集解」所引「古記」には乎備（乙類）ともみえ、ヲヒのヒはかなり早くから甲・乙の別が乱れていたのではないかと考えられるので、一応、乎非を甥の意に解しておきたい。

右に指摘されている古記には「兄之子・弟之子」「兄弟之女」は「俗云乎備・売比」と記されていて、乎非王の名は普通名詞の甥を意味するものであって、諱（実名）は別にあったと推測されるのである。なぜ

『上宮記』一云がこのような回りくどく且つ不可解なことを行っているのかというと、乎非王の実名を知られたくないという強い懸念が働いたためであろう。それを知られると具合の悪いことがすべて明らかになるからだと推測されるのである。『上宮記』一云の記者はヲホト王の祖父について何らかの問題があることを知っており、そのために実名を書き記すことを憚ったのである。ヲヒ王の実名は後に明らかにするとして、それを解明するために次には彼の母を調べてみることにする。

『上宮記』一云はヲヒ王の生母を「中斯知命」と書いている。これはナカシチノ命と読むことができるが、通常では古代の人名や物名の末尾に付くチの語は、命（イノチ）・大蛇（ヲロチ）・雷（イカヅチ）などの用語からも知られるように、原始的な霊格・威力を表す霊（チ）の意で、ナカシチ命の場合にはナカシが人名の本体部分で、それにチを付け加えることにより名全体に霊力を持たせようと意図しているように思われる。したがって、われわれとしてはナカシ命という名の女性を検索すれば中斯知命の素姓を明確にすることができるであろうし、さらにひいてはその子とされるヲヒ王の実像にも迫ることが可能になると考えられるのである。そこで、『古事記』『日本書紀』の範囲内でナカシという名を持つと伝えられた女性を調べてみると、直ちに次のような所伝があることに気付くだろう。

　葦田宿祢が女黒媛を立てて皇妃とす。妃、磐坂市辺押羽皇子・御馬皇子・青海皇女 一に曰はく、飯豊皇女といふ。を生めり。次妃幡梭皇女、中磯皇女を生れませり。

（『日本書紀』履中元年七月条）

ここには履中天皇の二人の后妃のことが記されており、次妃との間に中磯（ナカシ）皇女が生まれたというように伝えている。ところが、『古事記』履中段には正妃黒比売との婚姻を記しているのだが、次妃のことは何らの記載も無く、かなり問題のあることがわかる。書紀の編者はもともと「原帝紀」に記載の無かった事項を敢えて強引に造作し、この部分に加上したのではあるまいか。すなわち天皇と幡梭皇女との婚姻だけではなく、中磯皇女の実在性をも疑ってかかる必要があるのであって、読者にはひとまずこのことを念頭に留めておいていただきたい。

謎めいた存在である中磯皇女は、書紀では次の文章に登場する。

爰に大草香皇子の妻中蒂姫を取りて、宮中に納れたまふ。因りて妃としたまふ。復遂に幡梭皇女を喚して、大泊瀬皇子に配せたまふ。

（『日本書紀』安康元年二月条）

ここでは大草香皇子の妻中蒂姫というように用字を違えて記されており、姫は大草香皇子が安康天皇の手で滅ぼされたので、略奪されて天皇の妃となったと記す。そして、同時に幡梭皇女も喚し上げられて天皇の弟大泊瀬皇子の妃になったとするが、この幡梭皇女は大草香皇子の妹とされる女性で、しかも先の記述に出ている履中天皇の妃と同一人物と解すべきである。このように、どうやら中磯皇女＝中蒂姫という女性は五世紀中葉の宮廷における紛争に深く関わったとする所伝が造作されたことが推測できそうであり、大草香皇子の滅亡事件については後で詳しくその経緯を述べることにしたい。

引き続いて書紀には次のような記事がある。

中蒂姫命を立てて皇后とす。甚に寵みたまふ。初め中蒂姫命、眉輪王を大草香皇子に生れませり。乃ち母に依りて罪を免るること得たり。常に宮中に養したまふ。

（『日本書紀』安康二年正月条）

中蒂姫は略奪された後皇后に策立されたが、前夫大草香皇子との間に眉輪王という名の子どもがおり、安康天皇は皇后とともに王を引き取り宮中に養育したとする。それとともに父大草香皇子の連坐による罪は母に免じて許されたとしている。

次に引用するのは雄略即位前紀に掲載された安康天皇の皇后にまつわる分註記事である。

去来穂別天皇の女、中蒂姫皇女と曰す。更の名は、長田大娘皇女。大鷦鷯天皇の子大草香皇子、長田皇女を娶きて、眉輪王を生めり。後に、穴穂天皇、根臣の讒を用ゐて、大草香皇子を殺して、中蒂姫皇女を立てて皇后としたまふ。語は穴穂天皇紀に在り。

履中天皇の娘中蒂姫には長田大娘皇女（長田皇女）という別名があったとする。本来、別名は先に引用した履中紀の本文に記されていてもよいはずなのだが、ここで初めてこうした記述が現れるのは何といっても不審で、杜撰な編纂であると言わざるを得ない。その理由は後で明らかになるが、今は中磯皇女＝中蒂姫＝長田大娘皇女の関係が成り立つことだけを確認し、ここまでの系譜関係を図化しておこう。

次頁の系譜をみるときわめて不審な点が明らかになる。安康天皇が弟大泊瀬皇子のために幡梭皇女を妃に迎えようとしたと伝える点で、かつての天皇の皇妃となった女性であり、しかも世代がひとつ前の女性を弟の婚儀の対象に選んだというのはどう考えてもでたらめな話と言えるであろうし、安康天皇自身はというと、同世代のナカシヒメを略奪しているのである。この系譜にはどこかに根本的な錯誤があるに違い

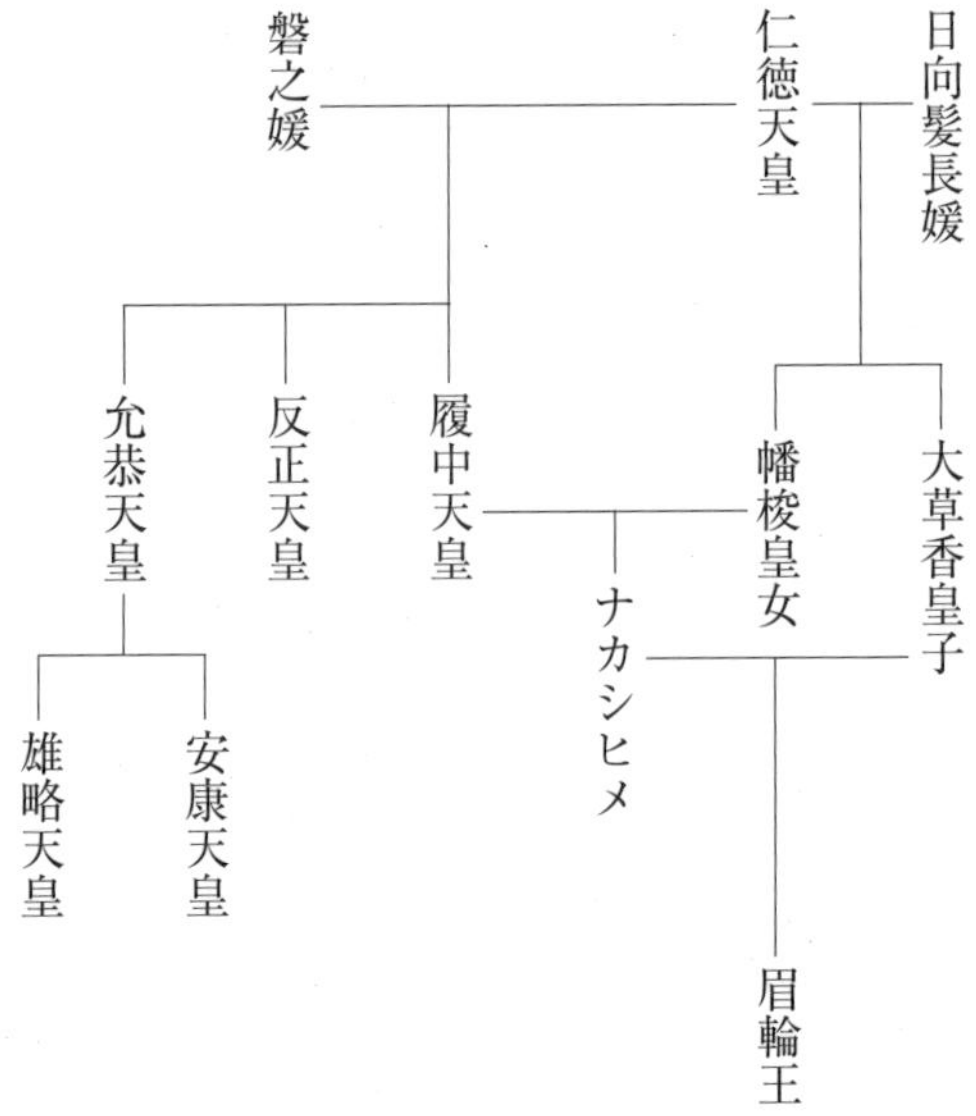


なく、それはやはり幡梭皇女が履中天皇の次妃となったとする所伝で、『古事記』あるいは「原帝紀」にそのような記載がなかったのは両者の婚姻自体がもともと存在しなかったことを意味するであろう。大草香皇子の妹幡梭皇女は雄略天皇と結婚するまでは独り身であったと想定すべきであり、このことはひいてはナカシヒメが履中天皇と幡梭皇女の娘ではなかったことを意味するのである。それではヒメは現実には一体誰の娘であったのか。

そこで注目されるのが、先ほどナカシヒメの別名として出てきた長田大娘皇女（長田皇女）という名の女性である。これと同一の名を持つ女性には次のような人物がいる。

> 忍坂大中姫を立てて皇后とす。是の日に、皇后の為に刑部を定む。皇后、木梨軽皇子・名形大娘皇女・境黒彦皇子・穴穂天皇・軽大娘皇女・八釣白彦皇子・大泊瀬稚武天皇・但馬橘大娘皇女・酒見皇女を生れませり。

此の天皇、意富本杼王の妹、忍坂の大中津比売命を娶して、生みませる御子、木梨之軽王。次に長田大郎女。次に境の黒日子王。次に穴穂命。次に軽大郎女、亦の名は衣通郎女。次に八瓜の白日子王。次に大長谷命。次に橘大郎女。次に酒見郎女。九柱。

（『古事記』允恭段）

右の両書の所伝によると、允恭天皇とその后妃忍坂大中姫との間に名形大娘皇女（長田大郎女）があり、ナカシヒメと世代が同じである。この皇女については動静がほとんど伝わらないのであるが、『古事記』安康段に次のような記述があるのに注意される。

故、天皇大く怒りまして、大日下王を殺して、其の王の嫡妻、長田大郎女を取り持ち来て、皇后と為たまひき。

（『古事記』安康段）

大日下王の嫡妻長田大郎女とはまさしく中蒂姫（中磯姫）のことであり、書紀に別名長田大娘皇女（長田皇女）と記されていた女性を指す。先ほど指摘したようにナカシヒメが本来履中天皇の娘ではなかったとすると、事実として皇女は允恭天皇の娘だったのではあるまいか。しかも皇女の本当の実名は名形・長田で、この皇女にまつわるある史実を秘匿する目的で中磯・中蒂・中斯知などという名の皇女像が別に造作され、あたかも履中天皇にナカシヒメという名の娘が実在したかのように描かれたのではあるまいか。

さすれば、『古事記』はある意味では実在の長田皇女にまつわる「原帝紀」の所伝を原型のままに遺存させていたのだと評することができるだろう。このように考えられるとすると、改めてナカシヒメに関する復原系譜は次のようになるのではなかろうか。

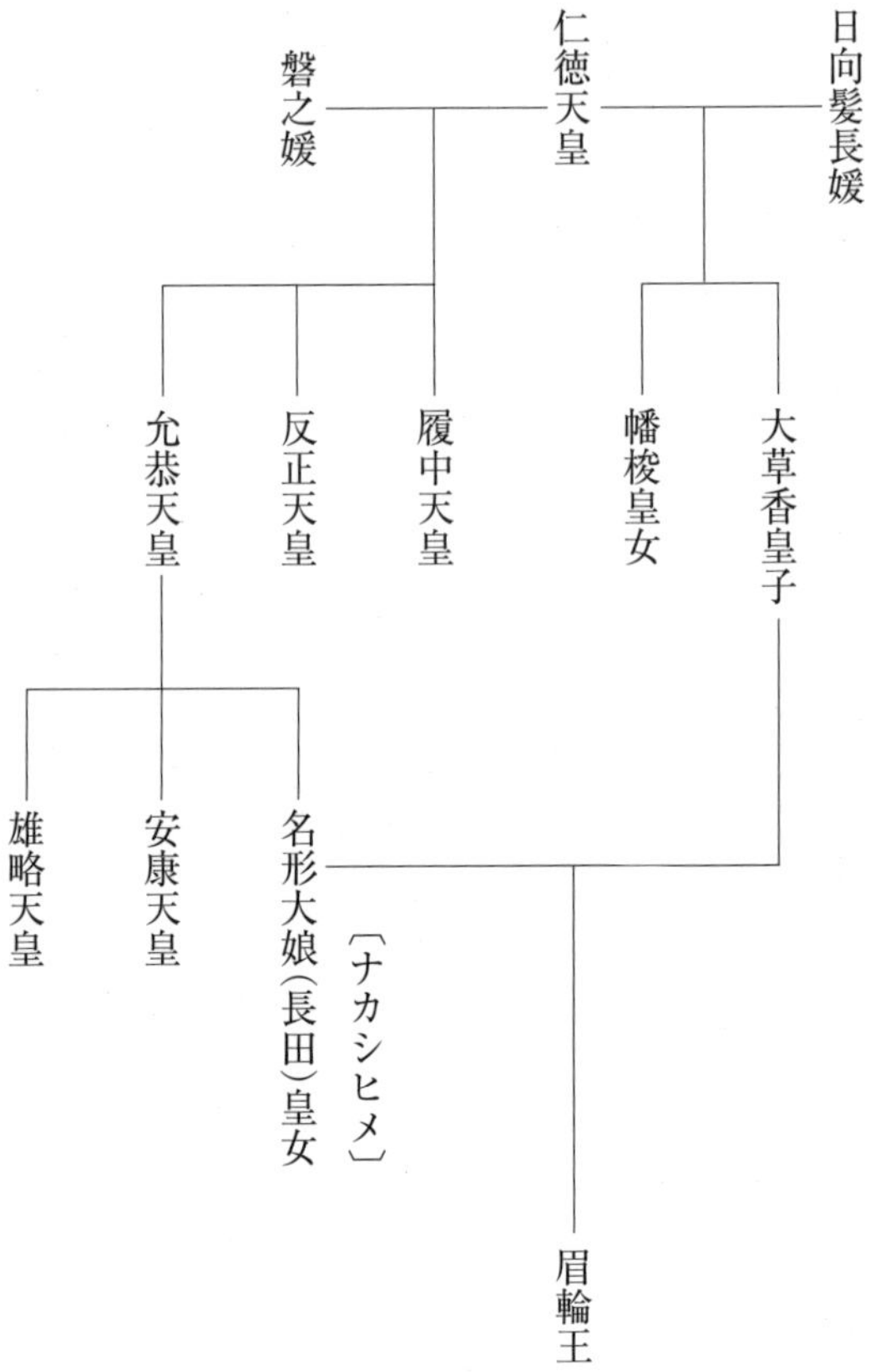

右の復原系譜にはまだ幾つかの問題が残されている。大草香皇子・幡梭皇女の世代と長田皇女・安康天皇・雄略天皇らの世代がずれていることである。とりわけ、幡梭皇女と雄略天皇との婚儀の矛盾はここでもなお解消されていないことがわかる。こうした矛盾を解決するためには大草香・幡梭の世代を一世代分くり下げて安康・雄略の世代と合うように改定する必要がある。そのためには大草香・幡梭の父を仁徳天皇とする伝承を造作と認め、彼ら兄妹は履中天皇または反正天皇の子どもたちとしなければなるまい。しかるに、履中・反正両天皇には日向系の妃は一人もいなかった。では、この問題はどのように解決すべきであろうか。

筆者の答えはこうである。すなわち、大草香皇子の真実の復原系譜は次頁のようになると考えられ、大草香の父は虚構の仁徳天皇や履中天皇らではなく歴史的に実在したホムツワケ王であり、ホムツワケ王と日向髪長媛との間に生まれた子どもを大草香皇子とみなすのである。このように解すると大草香・幡梭の兄妹は安康・雄略の世代とピタリと合うのである。

ところで話を本筋に戻し、本章の冒頭に挙示したヲホト王の祖先系譜と次頁の復原系譜とをよく見比べてみると、すこぶる興味深い事実が明らかになるだろう。すなわち、ヲヒ王の生母と伝えられている中斯知命(ナカシヒメ)＝名形大娘皇女(長田大郎女)を軸にして両系譜を重ね合わせてみると、ヲヒ王と眉輪王とが重なり合って同一人物となり、中斯知命＝名形大娘皇女の夫である意富々等王(オホホト王)が意外にも大草香皇子にピタリと合致することがわかる。

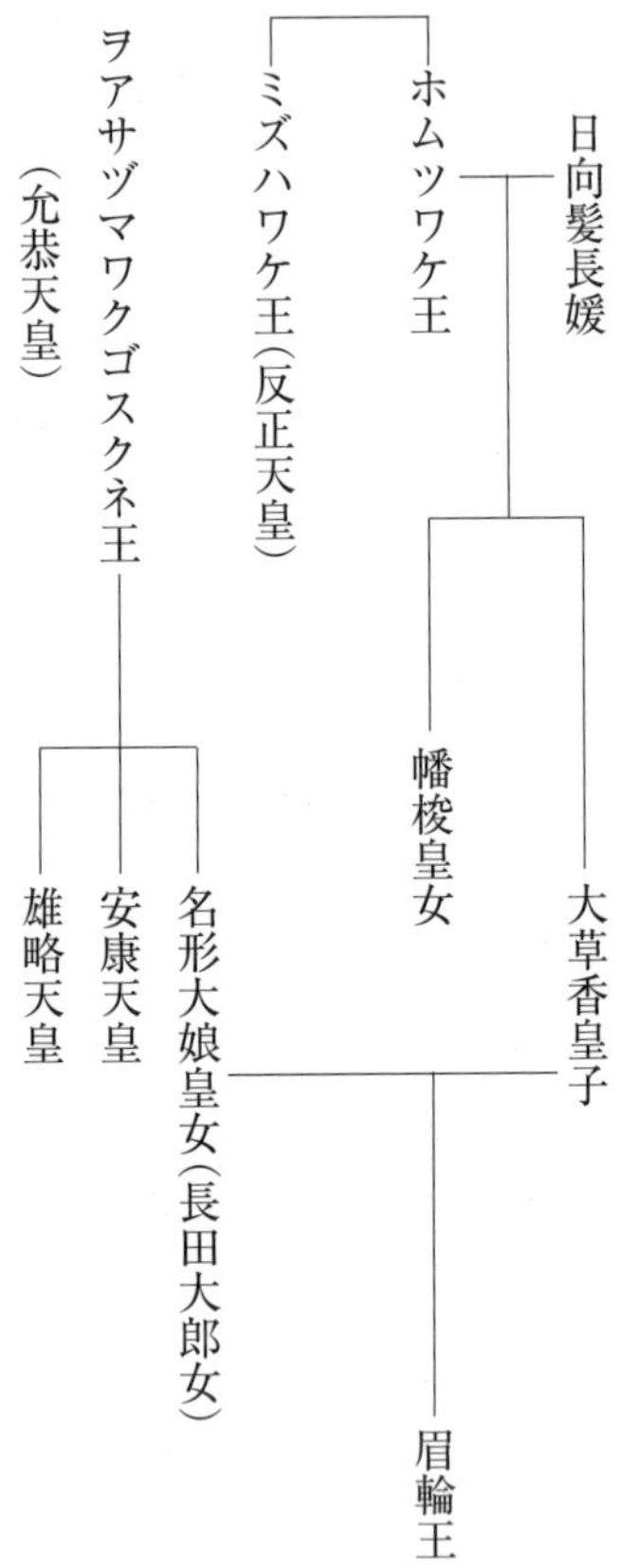


前章ですでに論じておいたように、意富々等王はヲホト王を基礎に造作された実体のない人物である。ヲホト王の祖先系譜を改竄し隠匿するために作り出された架空の祖先とみなすべき人物なのである。むしろ本当に実在したのは他ならぬ大草香皇子であったとされねばならない。さらに、ヲヒ王こと眉輪王は安康天皇（同時に雄略天皇）からみてまさしく実姉の子たる「甥」の位置を占めることもわかる。しかも『上宮記』一云がことさらに眉輪王の名を伏せ、乎非王などという通称に類する別の人名表記をした理由、あるいはさらに中斯知命などというありもしない空想上の女性像を造作した理由が、これまでの叙述でも一気に明らかになってきたのではあるまいか。

## Ⅱ　眉輪王事件の顚末

ヲホト王の祖父ヲヒ王こと眉輪王は帝王を暗殺した人物として著名である。殺されたのは安康天皇である。そこで、ここからは『古事記』『日本書紀』両書によって事件の顚末を調べてみることにしよう。眉輪王の実在性を認めず事件そのものも存在しないとする研究者もいるが、乱暴な論であってとても賛同することはできない。両書の筋書きには微妙な相違点があるので、まずは『古事記』の物語から検討を行うことにする。

事件の発端は、即位した穴穂御子＝安康天皇が実弟の大長谷王子の婚儀を自ら決めようとしたことにある。

A　御子、穴穂御子、石上の穴穂宮に坐しまして、天の下治らしめしき。天皇、同母弟大長谷王子の為に、坂本臣等の祖、根臣を、大日下王の許に遣はして、詔らしめたまひしく、「汝命の妹、若日下王を、大長谷王子に婚はせむと欲ふ。故、貢るべし」とのらしめたまひき。

仁徳天皇の子どもに大日下王・若日下王の兄妹がいた。安康は自己の王家とは別の王家の女性である若日下王と大長谷王子の婚儀を提案したというわけである。政略結婚が企てられたのだ。媒人には根臣（坂本臣らの祖）が選ばれたらしい。根臣は和泉国日根郡を本拠地とした豪族である。

B　ここに大日下王、四たび拝みて白しけらく、「もしかくの大命もあらむと疑ひつ。故、外に出さずて置きつ。これ恐し、大命の隨に奉進らむ」とまをしき。然れども言もちて白す事、それ礼無しと思ひて、すなはちその妹の礼物として、押木の玉縵を持たしめて貢献りき。

四拝したと記しているように、大日下王は安康の提案を喜んで受け容れたらしく、妹はこれまで外出もさせず大切に育ててきたと言っている。また、婚姻承諾の証として「押木の玉縵」という名の立派な宝物を天皇に奉ろうとした。

C　根臣、すなはちその礼物の玉縵を盗み取りて、大日下王を讒して曰ひしく、「大日下王は、勅命を受けずて曰りたまひつらく、『己が妹や、等し族の下席にならむ』とのりたまひて、横刀の手上を取りて、怒りましつ」といひき。

こともあろうに使者の根臣が玉縵の豪華さに目がくらみ、それを横領し虚偽の復命をして天皇を激怒させてしまう。しかし、この筋書きには児戯に類する嘘が書かれているとみなければならない。玉縵の窃取などということはすぐに化けの皮が剥がれることであり、発覚すればどのような処分が待っているかは誰にでもわかる。現に書紀には後に事が露見して根使主父子が雄略天皇に殺されたという話が載せられているのだが、とても信用できるようなこととは言えない。おそらく、玉縵はもともと根臣の所有する家宝で、当時余りにも立派なものという評判を得ていたから物語の筋書きに利用されたのではなかろうか。玉縵にまつわる話はいずれにせよ事件とは無関係なこととみなしてよい。

大日下王は安康の提案を喜んで受け容れたとある。なぜなら、まず彼の妃が安康の姉長田大郎女であった点、さらに自分の妹が大長谷王子と婚姻するならば両王家は濃密な婚姻関係により一体化し、大日下王自身の血を分有する目弱王がいずれ即位する可能性もあり得たからである。

しかるに、同じ『古事記』雄略段には、雄略が天皇位に就いてから大日下王の妹若日下部王に求婚し、自ら河内の日下宮に行幸し礼物を賜ったとする別伝が掲載されており、安康が両者の婚儀を提案し推進したとする右の筋書きそのものが全体として虚構である疑いが濃い。そうなると、事件の真相は話の中身からは窺い知れないまったく別の内容であった可能性がある。天皇の真の狙いは次の文章に書かれていると考えてよいからである。

D　故、天皇大く怒りまして、大日下王を殺して、その王の嫡妻、長田大郎女を取り持ち来て、皇后としたまひき。

根臣の讒言に激怒した天皇は有無を言わせず大日下王を殺し、王の妻長田大郎女を略奪し皇后としたと記されている。話の筋が一転して、安康が大日下王の妻を略奪した話にすり変わってしまっているのだ。しかし、この婚儀は略奪どころか由々しい事態を引き起こしかねない種になっている。長田大郎女は安康の同母姉であって、もし「皇后としたまひき」というのが事実であるならば人倫上決して許されない近親相姦が疑われる事例となる。同母姉弟の婚姻は帝王といえども忌避されるべき最大のタブーなのであり、筆者はこの婚儀は実際には行われておらず、安康は姉を生家に連れ戻しただけであり、皇后策立のことも絵空事であると考えており、安康には別の狙いがあったとみている。それは長田大郎女の連れ子に関わるものである。

E　これより以後、天皇神牀に坐して昼寝したまひき。ここにその后に語りて曰りたまひけらく、「汝思ほす所ありや」とのりたまへば、答へて曰したまひけらく、「天皇の敦き澤を被りて、何か思ふ所あらむ」とまをしたまひき。ここにその大后の先の子、目弱王、これ年七歳なりき。この王、その時に当たりて、その殿の下に遊べり。ここに天皇、その少き王の殿の下に遊べるを知らしめさずて、詔りたまひしく、「吾は恒に思ふ所あり。何ぞといへば、汝の子目弱王、人と成りし時、吾がその父王を殺せしを知りなば、還りて邪き心あらむとするか」とのりたまひき。ここにその殿の下に遊べる目弱王、この言を聞き取りて、すなはち天皇の御寝しませるを窃かに伺ひて、その傍の大刀を取りて、すなはちその天皇の頸を打ち斬りて、都夫良意富美の家に逃げ入りき。

天皇の神牀における昼寝は長田大后との神婚祭儀を彷彿させる。筋書きの上でのこととは言え安康天皇の暴君ぶりが暗示されている。しかし、これは事件現場の設定上必要な措置であって、実際に天皇が高殿での祭儀の場で殺害されたのかは不明であるとしなければなるまい。さらに、天皇の不安の言を七歳の目弱王が盗み聞きしていたという。王は天皇の隙を狙いその首を斬り都夫良意富美の家に逃げ込んだとする。しかし幼い子どもに天皇の斬殺が可能であったとはとても想像できない。目弱王はこの時すでに成人しており、自分の行為の政治的な意義をよく理解し暗殺を決行したのだと考えてよい。

F　ここに大長谷王子、当時童男なりき。すなはちこの事を聞きたまひて、慷慨み忿怒りて、すなはちその兄黒日子王の許に到りて曰したまひけらく、「人天皇を取りつ。那何かせまし」とまをしたまひき。然るにその黒日子王、驚かずて怠緩の心ありき。ここに大長谷王、その兄を罵りて言ひけらく、「一つには天皇にまし、一つには兄弟にますを、何か恃む心も無くて、その兄を殺せしことを聞きて、驚かずて怠なる」といひて、すなはちその衿を把りて控き出して、刀を抜きて打ち殺したまひき。またその兄白日子王に到りて、状を告ぐること前の如くなりしに、緩なることもまた、黒日子王の如くなりき。すなはちその衿を握りて引き率て来て、小治田に到りて、穴を掘りて立てる随に埋みしかば、腰を埋む時に至りて、両つの目走り抜けて死にき。

一方、天皇の死を聞いた大長谷王子はすぐさま兄の黒日子王・白日子王のもとに行き、どう処置するかを問うも、二人とも驚くこともなくどうしようともない緩怠の態度をとったため、王子は二人を即座に次々殺害したという。実際には大長谷は次の王位継承者は自分なのだと速断し、素早く競争相手になる兄たちを始末しにかかったと考えてよいだろう。なぜなら、目弱王がこともあろうに権臣都夫良意富美の家に逃げ込んだからである。

G　また軍を興して都夫良意美の家を囲みたまひき。ここに軍を興して待ち戦ひて、射出づる矢、葦の如く来たり散りき。ここに大長谷王、矛を杖にして、その内を臨みて詔りたまひしく、「我が相言へる嬢子は、もしこの家にありや」とのりたまひき。ここに都夫良意美、この詔命を聞きて、自ら参出て、佩ける兵を解きて、八度拝みて白ししく、「先の日問ひたまひし女子、訶良比売は侍はむ。また五つ処の屯宅を副へて献らむ。謂はゆる五村の屯宅は、今の葛城の五村の苑人なり。然るにその正身、参向はざる所以は、往古より今時に至るまで、臣連の王の宮に隠ることは聞けど、未だ王子の臣の家に隠りまししを聞かず。ここをもちて思ふに、賤しき奴意富美は、力を竭して戦ふとも、更に勝つべきこと無けむ。然れども己を恃みて、随の家に入りまししし王子は、死にても棄てじ」とまをしき。

目弱王は葛城の族長である都夫良意富美の家に匿われた。都夫良は大長谷王の軍とまず矢合せをし抵抗の意思を示した。彼は自分の娘カラヒメと五所の苑地を献上する旨を述べたが、軍門に下り目弱王を差し出す意思のないことをも同時に明言した。その理由として過去に王子が臣連の家に逃げ込むというような事例がなかったことを挙げているのは、おそらく『古事記』編者の作文による綺麗ごととしか言えないであろう。目弱王と都夫良意富美とは何らかの形でつながりのある間柄であろう。事件の深刻さはここにあると言うべきで、後にそれを検討したいと思う。

H　かく白して、またその兵を取りて、還り入りて戦ひき。ここに力窮まり矢盡きぬれば、その王子に白しけらく、「僕は手悉に傷ひぬ。矢もまた盡きぬ。今は得戦はじ。如何に」とまをしき。その王子答へて詔りたまひしく、「然らば更に為むすべ無し。今は吾を殺せよ」とのりたまひき。故、刀をもちてその王子を刺し殺して、すなはち己が頸を切りて死にき。

場面が意富美と目弱王とのやりとりに一転する。すべてが窮まったので死ぬしかなく、意富美はまず王を刺し殺し次いで自殺したという。事件の真相はこうして闇から闇に葬り去られることになった。

＊

こんどは『日本書紀』に記す眉輪王事件のあらましを跡付けてみよう。書紀ではこの事件は安康紀と雄略紀とにまたがって記載されている。それぞれの文章の最初に「爰」「是」という発語があるのがわかるが、一応それを段落に区分するための目安としたい。なお、アルファベットの大文字（『古事記』）と小文字（『日本書紀』）で区分した段落は、筋書きがほぼ両書で対応していることを付記しておきたい。

a　天皇、大泊瀬皇子の為に、大草香皇子の妹幡梭皇女を聘へむと欲す。則ち坂本臣の祖根使主を遣して、大草香皇子に請はしめて曰はく、「願はくは、幡梭皇女を得て、大泊瀬皇子に配せむ」とのたまふ。

『古事記』の筋書きと同じく大泊瀬皇子の婚姻が事件の発端となっていることがわかる。ただし、兄の安康が弟のために一肌脱いだという両書のストーリーは先ほど述べたように信用できない。

b　爰に大草香皇子、対へて言したまはく、「僕、頃重病して、癒ゆること得ず。譬へば物を船に積みて潮を待つ者の如し。然れども死せなむは命なり。何ぞ惜むに足らむ。但妹幡梭皇女の孤なるを以て、え易に死なざらくのみ。今陛下、其の醜きことを嫌ひたまはずして、荇菜の数に満ひたまはむとす。是、甚に大恩なり。何ぞ命の辱きを辞びまうさむ。故、丹心を呈さむとして、私の宝名は押木珠縵 一に云はく、立縵といふ。又云はく、磐木縵といふ。を捧げて、使されし臣根使主に付けて、敢へて奉献る。願はくは、物軽く賤しと雖も、納めたまひて信契としたまへ」とまうしたまふ。

大草香皇子は重い病に罹っており、妹がひとり身であることを心配していたという。そうした時に天皇から示された提案は大恩であるとし、家宝の押木珠縵を信契の奉献の品として使者に預けたのである。皇子の人柄の良さが際立たせられていることに注意したい。

c　是に、根使主、押木珠縵を見て、其の麗美に感けて、以為はく、盗りて己が宝とせむとおもふ。則ち詐りて天皇に奏して曰さく、「大草香皇子は、命を奉らずして、乃ち臣に謂りて曰へらく、『其れ同族と雖も、豈吾が妹を以て、妻とすること得むや』といへり」とまうす。既にして縵を留めて、己に入れて献らず。

根使主の醜い欺瞞と讒言とを記すことは『古事記』と変わらない。

d　是に、天皇、根使主が讒言を信けたまふ。則ち大きに怒りて、兵を起して大草香皇子の家を囲みて、殺しつ。是の時に、難波吉師日香蚊父子、並に大草香皇子に仕へまつる。共に其の君の罪無くして死にたまひぬることを傷みて、則ち父は王の頸を抱き、二の子は各王の足を執へて、唱へて曰はく、「吾が君、罪無くして死にたまふこと、悲しきかな。我父子三人、生きてまししときに事へまつり、死にますときに殉ひまつらずは、是臣だにもあらず」といふ。即ち自ら刎ねて、皇尸の側に死りぬ。軍衆、悉に流涕ぶ。

この条文に至り、初めて『古事記』にはみえないストーリーが登場している。大草香皇子に仕えた難波吉師日香蚊父子の殉死の話である。挿入されたこの悲話は、まさに難波吉師にゆかりのある人物の手でこの場面に挿入された造作の物語と言えるだろう。天武十年正月の祝宴に草香部吉士大形が参画しており、小錦下位と難波連の氏姓を賜るという栄誉に預かった。大形はその後同年三月から始まる「帝紀及び上古諸事」すなわち『日本書紀』の記定にも参加することになる。大形の保持していた家記の類または急ごしらえの作文が、ここに取り入れられていると考えてよいだろう。しかも大形こそが本事件を筆録・記定した当の本人ではないかということも推定できそうである。

e　爰に大草香皇子の妻中蒂姫を取りて、宮中に納れたまふ。因りて妃としたまふ。復遂に幡梭皇女を喚して、大泊瀬皇子に配せたまふ。

（安康紀元年二月条）

中蒂姫命を立てて皇后とす。甚に寵みたまふ。初め中蒂姫命、眉輪王を大草香皇子に生れませり。乃ち母に依りて罪を免るること得たり。常に宮中に養したまふ。

（安康紀二年正月条）

天皇、眉輪王の為に殺せまつられたまひぬ。辞、具に大泊瀬天皇の紀に在り。

（安康紀三年八月条）

ここまでが安康紀の記述であり、雄略紀にはその即位前紀に続きの文章が掲載されている。

穴穂天皇、沐浴まむと意して、山宮に幸す。遂に楼に登りまして遊目びたまふ。因りて酒を命して肆宴す。爾して乃ち情盤楽極りて、間ふるに言談を以てして、顧に皇后 去来穂別天皇の女、中蒂姫皇女と曰す。更の名は、長田大娘皇女。大鷦鷯天皇の子大草香皇子、長田皇女を娶きて、眉輪王を生めり。後に、穴穂天皇、根臣の讒を用ゐて、大草香皇子を殺して、中蒂姫皇女を立てて皇后としたまふ。語は穴穂天皇紀に在り。に謂りて曰はく、「吾妹、妻を称ひて妹とすることは、蓋し古の俗か。汝は親しく昵しと雖も、朕、眉輪王を畏る」とのたまふ。眉輪王、幼年くして楼の下に遊戯びて、悉に所談を聞きつ。既にして穴穂天皇、皇后の膝に枕したまひて、昼酔ひて眠臥したまへり。是に、眉輪王、其の熟睡ませるを伺ひて、刺し殺せまつりつ。是の日に、大舎人姓字を闕せり。驟りて天皇に言して曰さく、「穴穂天皇は、眉輪王の為に殺せられたまひぬ」とまうす。

まず、右の記述では中蒂姫と幡梭皇女に対する取り扱いがかなり異なっていることがわかる。前者は『古事記』と同じく「取る」と表現されているように略奪婚としての性格を強く帯びているのに、後者は「喚す」とするように通常の貢上形態であることを示唆していて、中蒂姫を「取る」ことにこそ天皇の目論見の重点があったこと、幡梭皇女の婚儀は事件とは直接にはつながらない出来事であったことを示唆している。

すなわち、事件の本当の姿は安康が強行的に大草香皇子を抹殺した上で実姉長田皇女(中蒂姫)を自家に連れ戻し、さらにその連れ子眉輪王を自己の掌握下に置くことであったとみてよい。安康が弟の婚儀を提案するといういかにも麗しい兄弟愛のあふれた話柄とタイアップさせることで、安康の余りにも乱暴無道な行為の性格を少しでも緩和しようと書紀編者は努力しているのである。

そして、もし書紀の記載通りに中蒂姫が履中天皇の娘ということであったならば、安康天皇の一連の行為は『古事記』のような婚姻のタブーにはいっさい抵触しないこととなる。書紀の編者は安康が同腹の姉を大草香皇子から奪い返し妃にしたとする忌まわしい所伝を隠匿しようとして、架空の皇女をでっちあげ造作したのであり、その契機は実のところ『上宮記』一云のヲホト王の祖先系譜にみえる中斯知命の記載に遡るとしなければなるまい。他ならぬ『上宮記』一云の伝承者こそが、すでにいち早くヲホト王の祖父にまつわる忌まわしい事績を隠蔽する必要を痛感していたに相違ないと考えられるからである。

こうして晴れて中蒂姫は皇后に策立され、天皇の寵愛を受け、山宮での遊目・肆宴において安康は皇后に打ち明け話をする。その話を聞いていた幼年の眉輪王が天皇の隙を狙って殺害に及んだというのは『古事記』と同じである。

f 天皇、大きに驚きたまひて、即ち兄等を猜ひたまひて、甲を被り刀を帯きて、兵を率て自ら将となり、八釣白彦皇子を逼め問ひたまふ。皇子、其の害らむとすることを見て、嘿坐しまして語はず。

天皇、乃ち刀を抜きて斬りたまひつ。更坂合黒彦皇子を逼め問ひたまふ。皇子、亦害はむとすることを知りて、嘿坐しまして語はず。天皇、忿怒弥盛なり。乃ち復并せて眉輪王を殺さむと欲すが為に、所由を案へ劾ひたまふ。眉輪王の曰さく、「臣、元より、天位を求ぐにあらず。唯父の仇を報ゆらくのみ」とまうす。坂合黒彦皇子、深く疑はるることを恐りて、竊に眉輪王に語る。遂に共に間を得て、出でて圓大臣の宅に逃げ入る。

書紀は眉輪王の行為の背後に八釣白彦皇子・坂合黒彦皇子らの画策を描いている。両皇子が大泊瀬皇子の詰問に沈黙をもって対処しようとしたと記すのは、彼らが事件の張本人かと言わんばかりである。また大泊瀬皇子は眉輪王を捕え事情聴取を行ったとし、王は自分には腹黒い意図はなく父の仇を討っただけだと答えている。さらに隙をみて坂合黒彦皇子は眉輪王と共に圓大臣の宅に逃げたとする。『古事記』と筋書きに大きな違いがあるが、眉輪王の仇討ちの言には王の罪を少しでも和らげようとする書紀編者の底意があり、実際には眉輪王は「天位」を伺う目的で天皇を殺害したと考えてよく、また王が圓大臣の宅に逃げ込んだのは両者の共謀関係を推測せしめるものがある。

g　天皇、使を使して乞ふ。大臣、使を以して報して曰さく、「蓋し聞く、人臣、事有るときに、逃げて王室に入ると。未だ君王、臣の舎に隠匿るるをば見ず。方に今坂合黒彦皇子と眉輪王と、深く臣が心を恃みて、臣の舎に来れり。詎か忍びて送りまつらむや」とまうす。是に由りて、天皇、復益兵を興して、大臣の宅を囲む。大臣、庭に出で立して、脚帯を索ふ。時に大臣の妻、脚帯を持ち来りて、愴び傷懐して歌して曰はく、

臣の子は　栲の袴を　七重をし　庭に立して　脚帯撫すも

大臣、装束すること已に畢りて、軍門に進みて跪拝みて曰さく、「臣、戮せらるるとも、敢へて命を聴ること莫けむ。古の人、云へること有り、匹夫の志も、奪ふべきこと難しといへるは、方に臣に属れり。伏して願はくは、大王、臣が女韓媛と葛城の宅七区とを奉献りて、罪を贖はむことを請らむ」とまうす。天皇、許したまはずして、火を縦けて宅を燔きたまふ。

天皇の命令に反抗する圓大臣の言動はより強く漢文臭の漂うものになっており、一見利害関係のないように思われる黒彦皇子と眉輪王の両王をあくまでもかばいだてし、妻まで登場させて決然として死地に赴く英雄の精神を吐露している。カラヒメと宅七区の献上により贖罪とし罪を許すように要請するも、天皇は燔殺の手段で応えている。『古事記』は明確に自死として描いており、書紀はそのことを記載していないが自死の可能性が強い。円大臣の宅は火をかけて焼き払われたのであろう。ただし、焼殺のことが事実であったのかは『古事記』には記されていないので不審である。

h　是に、大臣と、黒彦皇子と眉輪王と、倶に燔き死されぬ。時に坂合部連贄宿祢、皇子の屍を抱きて燔き死されぬ。其の舎人等、名を闕せり。焼けたるを収取めて、遂に骨を択ること難し。一棺に盛れて、新漢の槻本の南の丘に合せ葬る。

三人と同じく黒彦皇子の舎人の一人がともに燔死したことと、その屍の始末のことが記されている。新漢の槻本の南の丘はおそらく黒彦皇子の宮(軽の坂合)の近辺の地であろう。この部分は黒彦皇子と随臣の坂合部連贄のことを主体として記述しており、収集された遺骨は二人のもので、意外にも圓大臣と眉輪王の遺体のことはまったく不明であり、後に探し出された遺骨がそれぞれ別の墓に葬られたと推定できるのではなかろうか。

## Ⅲ　眉輪王事件の真相

事件の筋書きがほぼ諒解できたと思うので、次にはこの事件の性格・意義などを中心にまとめてみることにしたい。筆者が主張するように、もし本事件の首謀者である眉輪王(ヲヒ王)がヲホト大王の真実の祖父であったとすれば、これまでに想定すらされもしなかった重要なさまざまの問題を解明するための盤石の基盤が得られることになり、ヲホト大王の出自・素姓についても必然的にその謎が順次明らかになるものと思う。

まず、眉輪王事件の発端は安康天皇の謀略による大草香皇子の滅亡と眉輪王及びその幼子ウシ王の自家への取り込みが主因であろう。ただ、事件のさらに奥深い背景には大草香皇子と葛城円大使主による安康王家打倒の陰謀があった可能性があると考えられる。

大草香皇子は眉輪王事件の筋書きにおいては安康に対してきわめて従順でおとなしく誠実な皇子であるかのように描かれているのであるが、それは後世の造作とみられ大草香皇子を事件の一方の主役にしたくない輩の仕業であり、皇子は現実には王位を狙い得る立場にあったのであり、また自らが即位のチャンスに恵まれないとしても子の眉輪王にはその可能性が大いにあった。

かつて大草香皇子と允恭天皇とが反正天皇の後嗣問題で競合したとする所伝がある(允恭即位前紀)。それは事実なのか否か明確ではないが、允恭が長女を大草香に娶らせているところをみると大草香皇子が重要な王位継承候補者としての立場にいたことが推定できる。さらに、皇子のひとり息子である眉輪王こそは五世紀代の二つの王系譜を統合する要の位置にいる唯一の王族だったので、大草香は自分が王位には就けなくとも息子が日の目を見る可能性に賭けたことも考えられ、允恭死没後の政治的混乱の際に大草香の野望が露わになったのではなかろうか。『古事記』『日本書紀』は大草香を贔屓する立場から王位に関する大草香の動静を一切記しておらず、むしろ軽太子と安康との同母兄弟間の熾烈な権力闘争のみをクローズアップしているだけであるが、絶好の機会とみた大草香が王位を狙って蠢動した蓋然性は高いと考えられる。

そこで、大草香の野望に気付いた安康は軽太子を抹殺した後に機先を制して皇子を攻撃・殲滅し、姉とともにその連れ子である眉輪王を自家に取り込んだが、自己の系譜上の立場を知っておりまた怨恨の情を懐いていた眉輪王がこらえきれずに暴走し、帝王暗殺の挙に出てしまったというのが事件の真相ではないだろうか。また事件当時、眉輪王にはすでに幼年のウシ王が誕生していたようであるが、安康・雄略両王にはまだ後嗣とすべき子どもが一人もいない状態であったので、眉輪王としては心理的な焦燥感に突き動かされたということもあり得るであろう。

詳細については改めて次章で述べるが、五世紀の倭の五王時代は二王統三王家に分かれており、大草香皇子と安康天皇はその意味では潜在的にライバル同士であったと言わねばならず、しかも大草香皇子は母族が日向出身の皇子であるとはいえ、允恭・安康王家と比較すると正系の王家の嫡子であった。正系の本家は市辺押磐皇子を核とする王家であったと考えられるが、先ほど指摘したように允恭は後継者の即位を有利に進めるためにその娘長田大郎女を大草香皇子と結婚させ、市辺押磐皇子に対抗する両王家の婚姻同盟をまず成立させようとしたのであろう。

しかしこの婚姻同盟は、大草香皇子と安康の反目により、もろくも破綻してしまう。弟の大泊瀬皇子と大草香皇子の妹幡梭皇女との婚儀が成立した直後に、安康は日下宮の大草香皇子を攻撃し、大草香王家を滅亡させてしまったのである。幡梭皇女と長田皇女については『古事記』『日本書紀』ともに前者には「喚す・貢る」、後者には「取る」という性格のかなり異なる用字を使用している点に注意する必要があり、安康の真の狙いは実姉長田皇女を大草香皇子から自家に取り戻すこと、さらには大草香の遺児で自分の甥に当たる眉輪王とその子ウシ王をも自家の一員として養育・成長させ、やがては允恭王家の次代の後継者をつくりだすための種馬にしようと計画したのではなかろうか。

ところが、眉輪王は大草香皇子の滅亡事件に際してもすでに幼稚な年齢であったとは考えられず、王は父を殺した安康に強い憎しみと怨みを懐いていただけではなく、積極的に自ら王位を窺おうとしたのではなかろうか。先にも指摘したように眉輪王は当時血筋において二つの王家の血統を統合する系譜的位置にあった唯一の王族だったので、安康や雄略らと比較しても即位の正統性には遜色がなかったからであり、眉輪王自身もそのことを明瞭かつ強く自覚していたと思われる。

允恭天皇は自身が葛城ソツヒコの妹イワノヒメの子どもであったので、葛城一族を外戚としていた。しかし、前著でも詳細に論じたように、おそらくその即位・后妃の問題や定姓の件で葛城一族の中心人物であった玉田宿祢は允恭と政治的に対立して滅ぼされ、允恭と葛城一族との関係は急速に悪化した。その玉田宿祢の子どもこそが眉輪王事件に登場した円使主(円大臣)であり、彼はまず大草香皇子に接近して安康王家の打倒を画策し、それが失敗した後にこんどは眉輪王と連絡をとり、積極的に眉輪王をそそのかして何らかの行動を起こさせ、王を支援して権力の座に就かせようと策動した可能性があるだろう。ところが、眉輪王が安康の隙に乗じて暗殺事件を引き起こすという予想外の暴走をし、動揺した王が突然自家に逃げ込んでくるという非常事態に直面したために、やむなくこれを庇いだてし、雄略の間髪を入れない軍事行動により眉輪王ともどもども自死するという悲劇に見舞われた。このような筋書きが事件の真相ではないかと筆者は考えている。

事件直後には雄略が即位して兄安康の後継者となったが、その後雄略は残る正系の王家の頭首である市辺押磐皇子をも暗殺し、こうした暴力的な手段による王家の殲滅・王族の根絶やしという行為が雄略没後の後継者不足をもたらし、結果的にヲホト王の即位という問題につながったのではないだろうか。

眉輪王にはすでにウシという名の幼子があったらしく、事件後ウシ王は王都から流罪の処分を受けて地方に追放されたと考えられ、その身柄を預けられた先こそが近江国坂田郡の豪族息長氏であったと思われる。したがって、筆者としては息長氏をヲホト大王の出自氏族とする見方は完全に誤りであると考えており、大王は五世紀の王統につながる正真正銘の王族なのであり、しかも二つの王統の血筋を引く正統派の王族であるという系譜上の事実を看過すべきではない。祖父眉輪王が帝王殺しの大罪を犯したがゆえに、「大罪人の孫」という消すことのできないレッテルを剥がす必要があったが、ヲホト王以外に日継の適任者は他にはまったく生存していなかったので、ヲホト大王の誕生は歴史的に必然の事態となったのだと言うべきであろう。

以上に論じたことの多くが事実であるとするならば、ヲホトを地方豪族とみなす戦後に唱えられた諸説はすべて誤りであり、またヲホト大王を基点とするいわゆる「継体新王朝」なるものはまったく成立しないことになるだろう。ヲホト王は系譜上五世紀の王統譜につながる人物だったからである。問題はその系譜のどこまでが真実であるかにあるが、次章でさらに詳しく検討してみることにする。

## Ⅳ　ヲホト大王の生年と没年

本章の最後になおヲホト大王およびウシ王の生没年を推定する作業を試みておきたい。この作業は上記してきた筆者の推定説が妥当なものであるのか否かを検証するためにも必要な措置と考えられ、また『古事記』『日本書紀』両書の史料的な性格を見究める上にも大切な基礎的作業になるであろう。ヲホトの没年については次の史料がまず参考になろうかと思う。

天皇の御年、肆拾参歳。丁未の年の四月九日に崩りましき。御陵は三島の藍の御陵なり。

（『古事記』継体段）

この伝記によるとヲホト大王は丁未の年に四十三歳で死没したことになるであろう。丁未の年とは五二七年に相当するから、ヲホトの生年は遡って四八五年ということになる。生誕の地は近江国高嶋郡三尾である。さすれば王が五〇七年に即位した時には二十三歳の壮年であったことになる。

喜田貞吉は右の丁未年について、『日本書紀』継体二十五年二月条と安閑即位前紀にみえるヲホト大王の死亡記事の日の干支「丁未」を崩年の干支ととり違えたものと指摘しているのだが、喜田が批判しようとした平子鐸嶺の説では、むしろ反対に書紀が『古事記』の崩年干支を誤解して崩日の干支に書き換えたとみなしている。いずれの見解が正しいのか判断に迷うが、両説ともに天皇の享年を問題にしていないので、以下はこれを焦点にして論議を展開することにしたい。

ところで、『上宮記』一云や書紀の所伝にしたがうと、ヲホト大王の父ウシ王はヲホトを儲けた後早い時期に逝去したらしいが、例えば仮にウシ王がヲホト誕生の年に二十歳であったとするとその誕生は四六六年となり、三十歳であったとすると四五六年となって、少し幅を生じて正確を期し難いが、ウシ王はおそらく四六〇年前後に生を享けたであろうから、その父眉輪王と美濃の豪族の娘クルヒメとの結婚もそれより少し前の時期と言えるだろう。大草香皇子は日向系の皇子であったのでその子にまず地方豪族の娘を娶らせるという策を考えたのも理解しやすい。

すでに検討したように、ヲヒ王こと眉輪王は安康天皇を暗殺するという重大事件を引き起こしている。その正確な年次はもとより明らかではないが、『宋書』倭国伝によると四六二年に倭王世子興(安康天皇)は宋から「安東将軍・倭国王」の除爵を受けており、次の倭王武は昇明元(四七七)年・昇明二(四七八)年に遣使し、なお且つ辛亥年(四七一)作成の銘文を持つ埼玉県稲荷山古墳出土鉄剣によって、ワカタケル大王＝雄略天皇は四六〇年代中葉頃には即位していたと推定できることから、四六五年前後に事件が起きたとみなすならば、ウシ王は当時五、六歳前後であったと推定でき、まだきわめて幼稚な年齢であったため父王の犯罪への連坐を免れ配流となったのではなかろうか。

養老戸令には「凡そ男の年十五、女の年十三以上にして、婚嫁を聴せ」とあり、古代においては十五歳が標準的な首服の年齢であった。二、三の事例を挙示してみると、聖武天皇は十四歳で、清和天皇は十五歳の時にそれぞれ元服式を行っている。鎌倉時代においては十三歳で元服の例があり(江間殿嫡男泰時)、おとぎ話の主人公一寸法師は十六の時に女房を手に入れている。これらの事例からみて十三歳から十六歳前後を前近代社会における首服の指標とすることができるだろう。

『古事記』安康段には事件を起こした年に眉輪王は「是れ年七歳」と記されているが、もしこの記述が事実であるとすると眉輪王には当然のこととして子どもが無かったことになり、ひいてはヲホトが孫であるということもまったくあり得ない。そうすると筆者の憶説が根底において間違いとなり本書で論じたことがすべて反故になってしまうが、『古事記』の編者はわざわざ眉輪王の知られざる年齢を本文中に書き込むことにより、眉輪王とヲホト大王との系譜関係を切断しようという手の込んだ操作を行ったと想定することができるならば、筆者の一抹の不安も杞憂に帰する。

ところで、ここにもう一つ別の考え方を提案してみると、右の「是れ年七歳」という記述は実のところ眉輪王のものではなく、流罪・追放処分となったウシ王の事件当時の年齢が伝承に紛れ込んだか、あるいはそうした伝記を『古事記』の編者が事件の作文に利用したのであると想定できるならば、ウシ王の生誕を四六一年に比定することができそうであり、ヲホト王は少なくとも父ウシ王が二十四歳の時のフリヒメとの婚儀により四八五年に生まれたと推考することが可能になるのである。父王の名の由来については汙斯（『上宮記』一云）・彦主人（『日本書紀』）の表記と訓読から干支の丑年と関係があるものと推測され、辛丑（四六一）年こそがウシ王の生誕年として最もふさわしいのではないかと考えられるから、この年が一つの重要な定点となるのではなかろうか。

そうすると、右の想定によるウシ王が「是れ年七歳」というのは丁未（四六七）年に比定することができ、引いては眉輪王事件を四六七年の出来事であるとみなすことができ、安康天皇の没年をこの年に、雄略天皇の即位を翌戊申（四六八）年に比定することも可能になるであろう。

ひるがえって安康天皇の即位年に関しては、『宋書』孝武帝紀が大明四（四六〇）年十二月に記載する倭国使のこと、二年後の大明六（四六二）年三月に「倭国王世子興を以て安東将軍と為す」との記事を載せ、夷蛮伝・倭国条には「済死して、世子興、使を遣わして貢献す。世祖の大明六年、云々」とあって、大明五（四六一）年の下半期頃に父済王の死没を契機として使者を急遽派遣したようである。前者は前王済＝允恭天皇が派遣した最後の使者とみなすべきであり、さらに興は「世子」と記されているようにまだ正式には即位式を終えていなかった可能性があると考えられる。なぜなら父王没後に同母兄弟の軽太子との紛争が起きたらしく、その紛争に決着をつけた時点で即位式に臨んだものと推測できるから、安康は早くとも四六二年ないしは翌三年頃に即位した蓋然性が高く、そうするとその在位期間は長くて六年、短い場合には五年であったということになるだろう。

右に述べたように四六一年にはウシ王が誕生しており、この頃にはまだ眉輪王が父大草香皇子の滅亡事件には遭遇していなかったと推定される。事件は四六三年から六七年までの間に起きたようであるが、仮に四六三年に眉輪王が十五歳であったとすると、四六七年には十九歳となり、暗殺事件を引き起こした王を書紀のように「幼年」であると表現することも、やはり潤色の疑いが濃いと思われるのである。

右に縷述した推測説がある程度史実を反映しているものとすると、先ほど指摘したようにヲホト大王は二十三歳で即位したことになる。そうすると興味深いのは、継体紀二十年九月条に「遷りて磐余の玉穂に都す」とある本文に次のような註記が付いて異伝が掲載されていることである。

一本に云はく、七年なりといふ。

つまり、本文ではヲホト大王は樟葉宮(元年)に即位してから筒城宮(五年)・弟国宮(一十年)と二十年間にわたり三度遷都を繰り返したように記されているのであるが、一本の所伝は大和への遷都の年を継体七(五一三)年のことだと主張していることになる。この七年という数字をヲホト大王の年齢に重ね合わせてみると、弟国宮から磐余玉穂宮に遷都した年には大王は当年二十九歳になったとすることができる。その継体紀七年十二月条には勾大兄皇子を太子に任じる詔が出ており、実質的には翌八年正月からヲホト大王は正式にヤマト王権の本来の所在地に都を置くことが可能になった、あるいは自己の意思により大和入りを果たしたのではなかろうか。

註記の「七年」という数字は、大王の即位にふさわしい年齢が三十歳であるというヤマト王権の固有の慣習法を示唆しているようにも思われるし、そうではなくともヲホト大王の登場によりそのような慣例が形成される端緒を成したのではないだろうか。あるいはヲホトの類例のない奇怪な行動にはもっと別の政治的意味が含まれていた可能性もあるが、ヲホト大王遷都の謎の一半はこのようにして解決することができるものと考えられ、その意義についてはなお後章で検討してみたいと思う。

次に取りあげるべき史料は『日本書紀』である。書紀の継体二十五年二月条に次のような死没記載がみえている。ちなみに書紀の継体二十五年は辛亥の五三一年に相当する。

天皇、病甚し。丁未に、天皇、磐余玉穂宮に崩りましぬ。時に年八十二。

この記述は、継体即位前紀の次の記事と整合している。

天皇、年五十七歳、八年の冬十二月の己亥に、小泊瀬天皇崩りましぬ。

ヲホト大王は即位した五〇七年には五十七歳とあり、死没した五三一年に八十二歳の高齢に達していた。これは『古事記』の享年四十三歳とはきわめて大きく異なる数字であり、ひとまずはいずれかが虚偽記載とみなさざるを得ないだろう。

書紀の年齢記載こそが事実を反映したものとすると、ヲホト大王の生誕は四五一年となる。例えば仮にそれから五年後の四五五年に父のウシ王が享年三十歳で他界したものとすると、ヲホトはまだ幼少で記載事項を満たすが、ウシ王は眉輪王事件が起きた四六五年前後にはすでに他界しているし、眉輪王も三十九歳という記述では「幼年」とは言えず、自己矛盾に陥っていることになる。

眉輪王事件の時に眉輪王が仮に二十歳であったとすれば、その生誕年は四四六年となり、ヲホト王の生誕年とはわずか六年の違いしかなく、またウシ王をその間に入れる余地が無くなってしまい、筆者が推定している眉輪王（ヲヒ王）―ウシ王―ヲホト大王という系譜関係は完全に破綻してしまう。それゆえに、書紀の年齢記載はおそらく虚偽の情報とみなすほかはなく、書紀編者は『古事記』とはまた異なる手法でヲホト大王の真の系譜関係を隠匿しようとし、ありもしない高齢の大王像を作り上げようと画策したのであろう。高齢の王者はそれだけ徳の高い賢者とみなされていたので、ヲホト大王の即位の正当性を強調できるメリットがあるわけである。

ところで、周知のごとく書紀の継体二十五年十二月条には「百済本記」に基づく継体の死没記事が分註の形で掲載されている。その記事によると継体二十五年は辛亥年(五三一)に相当するとし、「又聞く、日本の天皇及び太子の皇子、倶に崩薨りましぬといへり」とあって、五三一年がヲホト大王の崩御年とする。また「或本」の説によると、天皇は二十八年甲寅(五三四)に死亡したとも書かれていて情報が錯綜している。大方の研究者は現在前者の記事をヲホト大王の確かな死亡記述とみなし、その後継者である「太子皇子」も同時に死亡したのは何らかの政変が起きた証拠であると推考している。しかし、平子鐸嶺の説によると、この死亡記事を宣化天皇とその皇后橘仲皇女との間に生まれた「孺子」との同時死亡・合葬と関係する出来事と解することもでき、ヲホト大王の死没は『古事記』の丁未年説と書紀の辛亥年説のいずれかが真実であった蓋然性が高い。

丁未年説に基づく推算はすでに済ませているので、少々乱暴な議論になるが、試みに書紀の辛亥年死没記事と『古事記』の享年四十三歳記載とを合同してヲホトの生誕年を割り出してみると、四八九年となる。先ほど指摘したようにウシ王は四六一年の生まれとみなすことができるので、ヲホトは父の生年二十九歳の時の子どもと解することができ、さらに即位の際の年齢は十九歳となってさほど大きな矛盾や齟齬は生じないであろう。

| 【ヲホト王生誕年】 | 【ヲホト王即位年】 | 【ヲホト大王死没年】 |
|---|---|---|
| 四八五（父王二十五歳） | 五〇七（二十三歳） | 五二七（四十三歳） |
| 四八九（父王二十九歳） | 五〇七（十九歳） | 五三一（四十三歳） |

ヲホト大王の死亡年次を丁未・辛亥いずれの年とみなすべきか、また右の表のうちいずれがより史実に近い数字なのかは明確ではなく、ここで早急にいずれかの説に加担する必要もないのであるが、さまざまな観点からみて、『古事記』の享年四十三歳の記載はきわめて尊重されるべき数字であると考えられる。意外にもヲホト大王は高齢で即位したのではなく、むしろ二十歳代前半という青壮年の時期に即位をしたとみた方がよいように思われる。

以上の検討によると、ヲホト大王にまつわる年齢記述は『古事記』の伝記がより正確に真相を反映している可能性が高く、ヲホト大王が四十三歳で死没したとする伝記は史実からはそれほどかけ離れていない貴重な情報であると評価できるように思われる。

ヲホト大王は高齢で王位に就いたとするイメージが独り歩きしている。福井市の足羽山公園の丘頂に聳え立つ巨大な「継体天皇の石像」は明治時代に建立されたらしいが、この石像に象徴される老齢のヲホト大王像はすなわち書紀編者らが必要あって造作したイメージに近く、そうすることでヲホトの曽祖父が王位の問題をめぐって滅亡した事実、ヲホトの祖父が帝王殺しの大罪を犯した事実、父のウシ王が流罪となって地方に隠棲した事実、さらにヲホト自身が若輩にして即位したという重要な多くの事実を隠蔽し歪曲するための政治的工作であったと言わざるを得ない。われわれとしては、真実のヲホト大王像を構築し直して、大王の即位事情についてさらにその真相を究明する努力を怠ってはならないと考えるものである。

# 第四章　ヲホト大王の即位事情

## Ⅰ　倭の五王の系譜

ヲホト王が即位するまでの四世紀後半から五世紀代の天皇系譜を次に図化して示すことにする。この系図は『古事記』『日本書紀』の伝承に基づいて作成したもので、両書において即位したとされる天皇を網羅しており、古代史に精通している読者なら誰でも知悉しているものである。

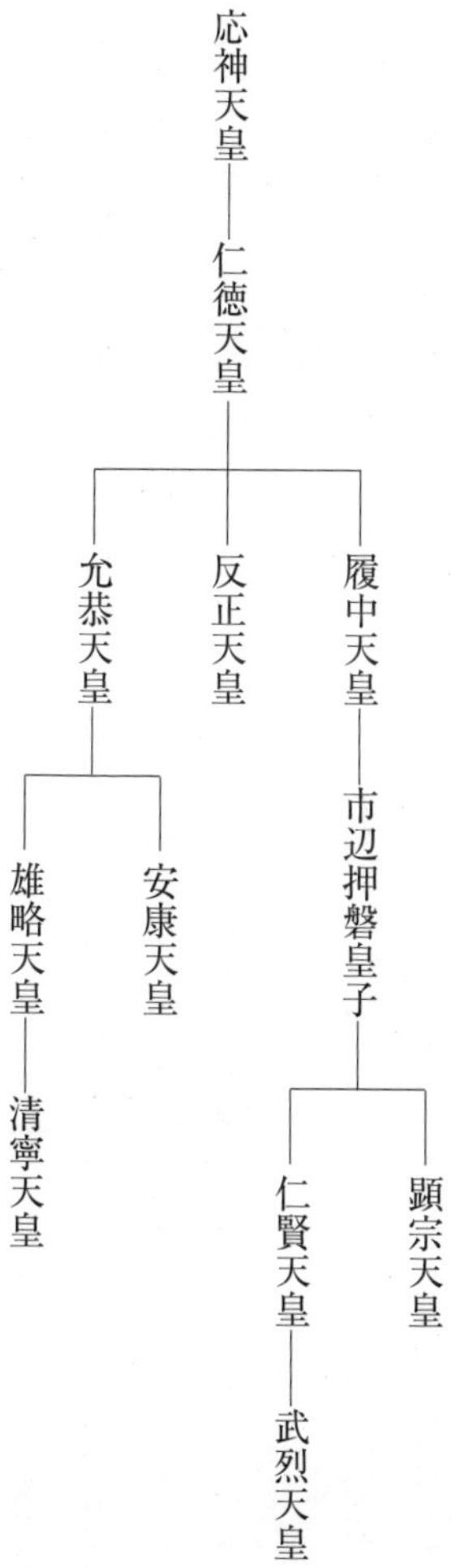

右の系図には大草香皇子を掲出していないが、前章ですでに論じたように皇子は仁徳天皇の子とされ、履中・反正・允恭三天皇の異母兄弟に位置づけられており、伝承では皇子は安康天皇に滅ぼされ、その遺児眉輪王も例の暗殺事件の結果死没したために、結果的には皇子の子孫からは天皇がひとりも出ていないことになっていること、すなわち系譜は眉輪王において完全に断絶したように扱われていることを念頭に留めておいていただきたい。

次に、中国の文献に登場する五世紀の倭国王の続柄を図化してみよう。これらの倭国王がいわゆる「倭の五王」と呼ばれた五人の王に相当する。中国正史のうち『宋書』夷蛮伝・倭条の記録が最も精細で正確な内容を示しているので、その記述を基にして倭の五王の系譜関係を図化してある。

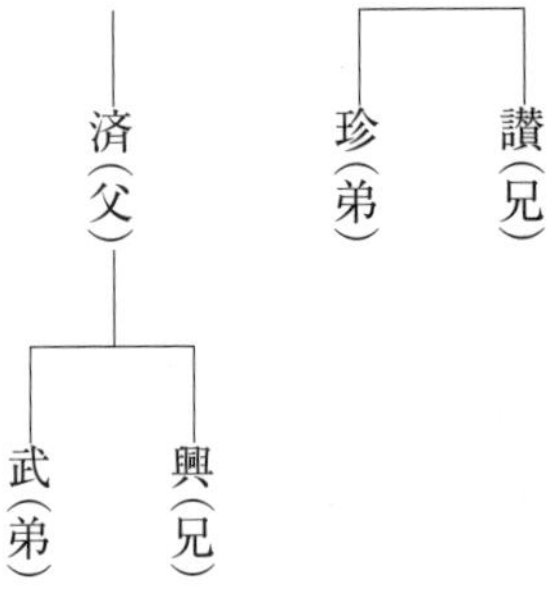

日本文献に記載された天皇の系譜と、中国正史にみえる倭の五王とを対比させると、讃・珍の兄弟が履中・反正の兄弟に、興・武の兄弟が安康・雄略の兄弟にそれぞれ対応するようであり、済は安康・雄略の父に当たる允恭に該当するとみられている。

次に、『宋書』は讃・珍と済との続柄を記していないのでこの点に問題がひそんでいるのであるが、天皇系譜では履中・反正・允恭の三天皇は同母兄弟とされているので、済もまた讃・珍の兄弟であり、中国ではこの明確な続柄を単純に書き漏らしただけに過ぎないと考えたのが基本的には戦前までの研究者の共通理解であった。倭王讃は応神天皇である、そうではなく仁徳天皇なのだというような異論も早くから唱えられてはいたが、全体として双方の系譜記載を信用しながら議論が進められてきたのである。

ところが、戦後になってこの続柄記載のない点を初めてことさらに重視したのが藤間生大氏であり、実のところ讃・珍の兄弟と済とは血縁関係において何らかの相異があり、別系の王統ではないかという疑念を漏らしたのである。このような考え方が提起された背景には『古事記』『日本書紀』の天皇系譜に対する拭い難い不信感があったことは明らかで、両書に収められている歴代天皇の系譜が虚構の部分を多く含んでいるとする見方は、戦後になってから徐々に究明されるようになったもので、藤間氏の見解はそのような学界動向の中から出現したしごく正当な発言であり発想なのであった。

このような藤間発言を敷衍して倭の五王の時代の新たな王統譜論を展開したのが川口勝康氏であるが、当時の王家は複数であり、継体天皇以前の王統譜にはさまざまな潤色と一定の理念による虚偽工作が施され、一系の系譜に統合するための手の込んだ造作があることを明らかにし、応神・仁徳らの天皇の虚構性を明確に指摘したにもかかわらず、遺憾ながら川口説では具体的に史実としての王統譜の復原作業はまったく行われておらず、倭の五王の系譜についての斬新なイメージを造型し、それを基にした五世紀史の新構想が打ち出されるまでには至らなかったと言わざるを得ない。

一方では戦前の古代史研究をある意味でリードし、戦後多くの若手研究者に大きな影響を与えた津田左右吉の記紀批判は、応神天皇の実在性に関して曖昧な見解を残しており、学界は基本的には今日に至るまで応神天皇以後の天皇系譜は「ほぼ信用できる」というスタンスを基本に五世紀史を論述してきたのである。そうすると、倭の五王の時代というのは応神天皇以後の時期に属する問題であるため、藤間氏が提起した疑念は多くの場合に疑念として放置されたままになってしまい、相変わらず戦前と本質的には同じく五王と天皇系譜との非生産的な対比の作業が延々と続けられ、結果的には天皇系譜についての何らかの学問上の進展がないまま今日に至っているのである。

読者はここでお気づきのことと思うが、本書で最大の課題としているテーマがヲホト大王の祖先系譜の問題なのである。「応神天皇の五世の孫」という言説が歴史的に真実なのか否かということが問われている中で、従来の研究をそのまま踏襲しているだけでは最早右の難問を解決することは不可能であると言わざるを得ないだろう。つまり既存の天皇系譜に対する不信感を表明し系譜の造作による虚構性を強く認識している現在の学界動向を重視するならば、応神・仁徳らの天皇の実在性を明確に否定し、それに代わる真実の王統譜を具体的な形で提起しなければヲホト大王の即位の問題を本当の意味での解決に導くことはできないのである。

## Ⅱ　実在の王統譜

そこで、筆者はこうした重大な学問上の課題に正面から答えようとして『古代女王制と天皇の起源』（清文堂出版、二〇〇八年）・『倭の五王と二つの王家』（同成社、二〇〇九年）と題する二つの著書を相次いで世に問い、その中で倭の五王の復原系譜を具体的に提示することができた。その実相は次に示す系図で表されたものである。

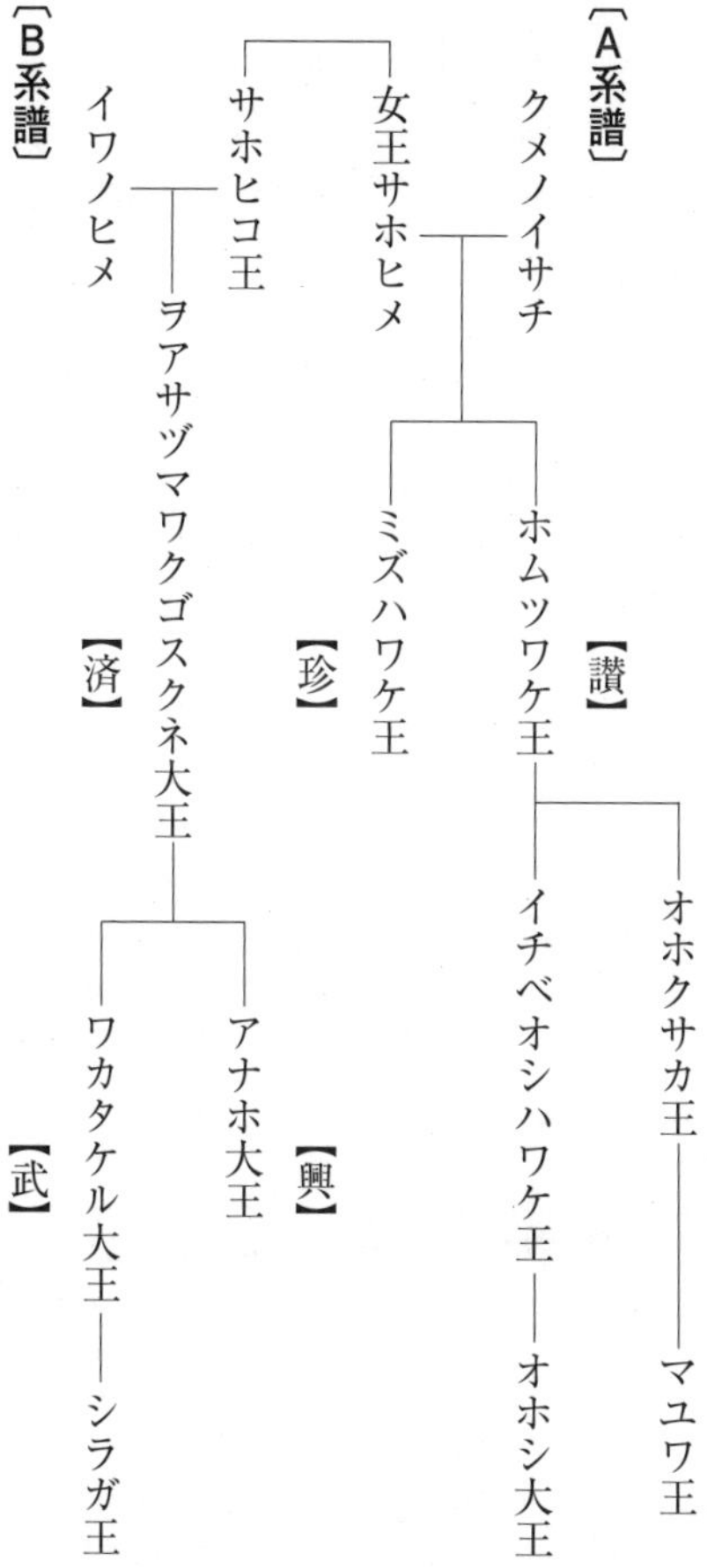

ここからは右に挙示した復原王系譜について詳しく説明を加えていきたいと思う。まず系譜は明らかに二つの王統・王系の存在を示している。倭の五王の時代の王系にはA系譜とB系譜の二つの流れがあることがわかり、A系譜の方は女王サホヒメを母族とし、クメノイサチなる人物が男系の開祖に当たること、一方のB系譜はサホヒコ王を男系の開祖とし、葛城のイワノヒメが母族であることがわかり、これによって世襲王制の創始の次第が明確化する。

これをヤマト王権における王統譜の始まりとみなすことができるならば、いずれもが大和に本拠地を置くクメ・ワニ・カツラギの三つの勢力の同盟関係・共同企画によって王統譜の形成が意図的に進められたことが理解できるであろう。山尾幸久氏がすでに強調しているように、王家あるいは王統譜なるものは自然に成立したものではなく、意図的且つ政治的に創始されたものであって、日本古代の王統譜の成立時期は四世紀後半から五世紀初頭であるとみなさなければならない。

しかも、二つの王統は血縁において無関係な別系の王統ではなく、女王サホヒメ(妹)・サホヒコ王(兄)の族縁関係により、明確に同族であったと言わなければならない。倭王讃・珍の兄弟と倭王済とは同母兄弟であったのではなく、従兄弟関係にあったとみなすことができ、讃はA系譜の始祖に、済はB系譜の始祖に該当し、即位の順によれば倭王讃すなわちホムツワケ王こそが始祖帝王＝初代天皇であったと結論づけることができるであろう。なぜならば、ホムツワケ王以前は長期にわたる世襲制を排除した女王制の時代(女王の国)であったからである。

本書では筆者が構想している女王制(女王の国)の説明はすべて割愛するが、A系譜の女王サホヒメは三世紀前半に始まる女王制の最後を飾った女王で、しかもそれまでは宗教上の理由で禁忌とされていた俗世の婚儀を行い、男子を身ごもり生み育てるという王権の政策転換を実行した女性であったとみられる。ヤマト王権が四世紀後半になりなぜ女王制を廃止しようとしたのかについては、三六四年から三七二年頃までの期間に結成された百済王権との軍事同盟の締結により、百済が倭の軍事的援助を要請し朝鮮半島への大規模な出兵が課題となったからであり、倭国王が兼任すべき最高軍事指揮官は男王でなければならなくなったからである。

ところで、A系譜・B系譜は対等な地位と性格を持つ王系ではなかった。女王の子どもとその子孫こそが正統な王系であり、B系譜はいわば次善の策(安全弁)として形成された副次的な地位の王系であった。王位の継承はA系譜において順次行われることが望ましいあり方であったらしく、初代ホムツワケ王と二代目のミズハワケ王兄弟の継嗣はスムーズに行われたようであるが、次の後継問題の時に何らかの紛糾が生じ、結果的にB系譜の始祖ヲアサヅマワクゴスクネ王が後継者となったらしい。『宋書』が讃・珍と済との続柄について沈黙している理由は、筆者の考えではB系譜の始祖に位置づけられるヲアサヅマワクゴスクネ王が前王らとの血縁関係を明確に中国側に説明せず、あたかも自分が本来の正統な王家の始祖であるというような虚偽を公言し、中国側の認識を混乱させたためではなかろうか。

つまりB系譜はやはり副次的な地位の王家なのであり、即位のためにはその正統性を明らかにする何らかの方策を立てるか、あるいは強引な手段を用いて王位を奪い取るしかなかったのである。ヲアサヅマワクゴスクネ王の母イワノヒメには激しい嫉妬と激怒する大后というテーマで構成された珍しい説話があり、自分が儲けた子どもをいかにしても即位させようという熱望と焦燥感とがそのような説話を生んだ背景になっているように思われる。

史料に出てくる来目高宮は女王サホヒメの王宮で、ホムツワケ王はこの宮で成長を遂げ、その後磐余稚桜宮で即位し天下を統治した。また王弟ミズハワケ王も来目高宮で生育し軽嶋之明宮で即位したと推測できる。他方、葛城高宮こそはイワノヒメがヲアサヅマワクゴスクネ王を養育した宮であり、即位後に王は遠飛鳥藤原宮を正宮としたと考えている。したがって、四世紀後半から五世紀初頭にかけての時期には奈良盆地南部の来目高宮と南西部に位置する葛城高宮とが両王系の確執の中心的な舞台となっていたと推定できるだろう。

さて、もういちど復原王系譜に立ち戻ることにしよう。すでに多くの読者はお気づきのことと思うが、この系譜には応神・仁徳・履中三天皇の名がまったく記されていない。なぜそのようになっているのかと言うと、これらの天皇は実在しない虚像と考えられるからである。とりわけ倭の五王系譜の論議において倭王讃の候補として最も重視されてきた履中天皇を外し、その場所にホムツワケ王を配している筆者の意図は、先ほど述べておいたようにホムツワケ王こそが実在した真実の始祖帝王であり、この王こそが事実上の天皇系譜の初代＝御肇国天皇だったと考えるからなのである。

ホムツワケ王は女王が生んだ男子であり、その歴史的事実を抹殺し秘匿する必要から応神・仁徳・履中三天皇の虚像が編み出されたのである。なぜならば、ホムツワケ王の実在性を認めてしまうと、王以前のヤマト王権の歴史は女王制(女王の国)であったことが明確化し、万世一系の天皇による建国の歴史が描けなくなるからである。しかし、ホムツワケ王は事実上王権の伝承において無視できないきわめて重要な王者であったため、「帝紀・旧辞」の編纂者らは応神以前のいずれかの天皇の子どもとして祭りあげ、王には後裔の子孫が無いとする説話を創作して天皇系譜から排除する措置をとったのである。垂仁天皇の皇子にして皇后サホヒメの身ごもり生んだ聖なるホムツ(チ)ワケ王というのが後裔系譜を持たない孤独な皇子の姿となった。

「帝紀・旧辞」の編纂者らはホムツワケ王の出生にまつわる古い神話伝承を保持していた。それは住吉を舞台とした大帯日古と大帯日売の夫婦による神婚祭儀と筑紫行幸にまつわる神話で、大帯日売は筑紫において住吉大神の託宣通り聖なる御子を出誕するというストーリーを持っていた。この神話はクメノイサチと女王サホヒメの夫婦がホムツワケ王を行幸先の筑紫で実際に儲けた歴史的事実の伝承をベースに創作されたもので、この神話を巧みに利用してホムツワケ王はホムタワケ王(応神天皇)に置き換えられ、女王サホヒメは息長帯日売に書き換えられて神功皇后の新羅征討伝承に編み上げられることとなった。既存の神功伝承には気比大神が登場してホムタワケ王の成年式に関与しているが、これはホムタワケ＝応神天皇がヲホト大王の「五世の祖」と位置づけられていることと密接な関連があると考えられる。

このようにみてくると、ヲホト大王の祖先系譜に始祖的王者として位置づけられているホムツワケ王とホムタワケ王両者の伝承について、いずれが歴史的にみて真実の始祖王像であるかは最早明確であると言わねばなるまい。『古事記』『日本書紀』はいずれも「応神天皇の五世の孫」と明記し、中間の系譜を省く形でヲホト大王の祖先系譜を公認している。

品太天皇――若沼毛二俣王――意富々杼王――①――②――ヲホト大王　『古事記』
誉田天皇――稚野毛二派皇子――③――④――彦主人王――ヲホト大王　『日本書紀』

両書の系譜を比較するとわかるように、③と意富々杼王が、②と彦主人王とがそれぞれ対応関係にあることが明確であるから、①と④に相当する同一人物こそが最も秘匿を要し実名を明確に出せない人物であったことが判明する。

それに対して『上宮記』一云の系譜は、以下の通りである。

凡牟都和希王――若野毛二俣王――意富々等王――乎非王――汙斯王――ヲホト大王

ヲホト大王の始祖ホムツワケ王の名をそのまま記し、さらに①④に当たる乎非王の名を含むすべての人名を掲載してはいるが、これらはすでに述べておいたように通称または普通名詞の類で諱(実名)とは考えられないものであって、やはりヲホト大王の真実の祖先系譜にはなっていないと評さざるを得ない。

『上宮記』一云は『古事記』『日本書紀』に先行して書かれた系譜伝承ではあるものの、両書の編纂時期からはそれほどかけ離れて古い時期のものとも言えないようであり、すでに一世・二世の人物像に明確な息長氏系譜とのドッキングと改変の作為が施されていることからみて、そのベースとなるべき部分は舒明朝から皇極朝の時期に記定されたものと考えることができるだろう。とりわけ息長山田公が舒明天皇の殯宮儀礼において日継の次第を奏上した件がこのような系譜伝承の形成に影響を及ぼした可能性が強い。

ただし、なぜかヲホト大王の始祖とされる凡牟都和希王は応神天皇に改竄されないままに放置されており、これは欽明朝末期に編纂された「帝紀」の王統譜とは内容的に整合しない異質な古い所伝（「原帝紀」）の遺存とみられることから、一云の編者は始祖帝王とヲホト大王との系譜上の関係についてはとりわけ尊重すべきであるとする意志を堅持していたことも考えられるのであって、これは『上宮記』本体の性格やその編纂が誰の手で行われたのかという問題とも密接に関わることであり、なお今後に慎重な検討を要するであろう。

それでは一体本物の系譜はどのようなものであったのかというと、これまでの本書における検討を総合して次のような系譜をヲホト大王の真実の祖先系譜とみなすべきであると考える。

ホムツワケ王――大草香皇子――眉輪王――ウシ王――ヲホト大王

右に挙示した復原系譜により、ヲホト大王は五世紀初頭に出現した始祖帝王ホムツワケの後裔にして、A系譜につらなる真正の王族であったことが判明する。これまで唱えられてきたヲホト大王＝地方豪族説は明瞭にも誤りなのであり、さらに傍系の王族だとみなす従来の捉え方については、A系譜の王系のうち大草香皇子を市辺押磐皇子の王家からみて傍系に当たると解釈するならば、そのような見方は正しいと言えるのであるが、父系系譜の観点からみるとヲホト大王はまさしく始祖帝王ホムツワケの直系につながる人物だったのである。興味深いのは大草香皇子以下の王たちはいずれも兄弟のいない単身の王族であるらしく、王系譜の分岐をまったく想定できないことからすると、激動の五世紀という時代に系譜を維持することがきわめて困難な状況下にあったことが暗黙のうちに示唆されている。

右の系譜によればヲホト大王はホムツワケ王の「四世の孫」となる。第二章でも述べておいたように、『古事記』『日本書紀』の両書が「応神天皇の『五世の孫』」という認識に強くこだわっているのは、ホムツワケ王を正史から排斥し、応神・仁徳父子という虚構の聖帝の系譜をどうしても王統譜上に加上しなければならず、一世分だけ余計な祖先を書き加える必要が生じたからなのである。しかるに事実としては「四世の孫」であったとすると、世計の問題をことさらに強調することはヲホト大王の出自や素姓について真相を見誤る要因になると言えるだろう。

ヲホト大王をめぐる真実の復原系譜がこのようなものであるとすると、『上宮記』一云の系譜はホムツワケ(凡牟都和希)王という実在の始祖帝王の名号を書き遺していたことになり、その点では『古事記』『日本書紀』よりも正確な古い所伝が遺存していたと評することができるだろう。何よりもホムツワケ王以前には世襲を原則とする男王制そのものが実在していなかったのであるから、『上宮記』一云の記者は原伝承に忠実に始祖帝王の名号を書き遺していたのだと断定することができる。

ところが、凡牟都和希をあくまでもホムタワケと読むことができると主張し、応神天皇の実在性に強くこだわろうとする論者が数多くいるが、ホムツワケ王を応神天皇と同一視することは『古事記』『日本書紀』

の天皇制建国史観への逆戻りを意味するものであり、筆者としてはまったく賛成し同意することのできない見解というほかにはないのである。

## Ⅲ　系譜改竄の理由

ヲホト大王の祖先系譜を復原する作業を終えた。次に問題となるのは、それではなぜ『古事記』『日本書紀』の編者らのみならず、『上宮記』一云でさえもがヲホト大王の出自を曖昧なままにしようとしたのか、あるいは系譜そのものを隠蔽し別のものに改竄する必要があったのかということであろう。ヲホト王の出自や系譜、あるいは彼の人物像までをも改変する必要性がどこにあったのかを明らかにしないでは、これから後にもさらにヲホト王の隠された真実の全体像を明確にしていくことはできないだろうと考える。

ヲホト王が手白香皇女と婚姻することによって王位に就く資格を得たということをとりわけ強調しているのは『古事記』である。同書はいわば五世紀の王統への「入り婿」としての王の立場を前面に押し出している。すなわち、こうすることによってヲホト王の不都合な出自・素姓を免罪し即位の正当化が図られたかのような書きぶりになっているのである。

しかるに、真相はそれとはぜんぜん違っていた。すでに明らかにしてきたように、ヲホト王は五世紀代の正系の王統につながる歴とした直系王族の生き残りなのであり、たとえ地方に雌伏していたとはいえ、地方豪族でないことは勿論、王族としても素姓の不明確な人物でなかったことは最早明らかであろう。にもかかわらず、ヲホト王のそのような血筋・立場を公然化せず秘匿しなければならなかったのはなぜなのかを問わねばならないのである。

この問題に対する答えは大きくみて二つあると思う。その一つはヲホト王の祖父眉輪王(平非王)が帝王殺しの大罪を犯した人物であったという厳然たる事実である。帝王殺しという点で最も著名な事例は蘇我馬子が崇峻天皇を暗殺させた件であろう。この場合直接の下手人は馬子ではなく、馬子は東漢直駒なる人物に命じて天皇を殺害させている。それゆえにか、駒は別件の理由により抹殺され、馬子には何らの罪も問われなかった。その上、馬子は天皇を殺した上で自分が王位に就くというようなことはまったく考えていなかった。それは蘇我氏が王権の母族としての役割を自覚していたためである。

それに対し、帝王暗殺という重大事件に直接関わったという意味では、眉輪王の安康天皇殺害はきわめて深刻な事態であり、時の大王の首を斬るという凄惨な殺害方法をとっていることは、この世の罪のなかでも最大の重罪(謀反・大逆)とされる性質のものであったとされねばならない。そのような大罪を犯した人物の子孫が即位することは王権を正当化する上で大きな障害となり、さらにはヲホト大王の後裔に当たる歴世の天皇の即位の正統性にも絶えず影響を与え続ける要素になるだろう。とりわけ一系の天皇系譜を標榜し続ける限りはとくにその事実はくり返し問題化する懸念があった。

しかも、眉輪王の行為について書紀は「唯父の仇を報ゆらくのみ」とその弁解がましい言い訳を記しているが、この言葉が王の真実の言葉であったとはとうてい考え難く納得し難い。これは書紀編者の作文とみることができ、むしろ王は自ら積極的に王位を簒奪しようと目論んで天皇の殺害に走ったとみた方が真相に近いであろう。なぜならば、眉輪王こそは王統譜上五世紀の二つの王系譜の血筋を統合する要の位置にいた唯一の王族だったからである。王はそのことを十分に自覚しており、自分が王位に就いたあかつきにはホムツワケ王・ミズハワケ王の正系の王統の復活を果たすことになるという強い正統意識を持っていたと考えてよい。

しかし、いかなる理由であるにせよ、ヲホト王はその大罪人の孫であるということに変わりはなかった。幼いウシ王はその父の犯罪のゆえに連坐して追放・流罪となり、近江国坂田郡の息長氏の下に送り込まれ、そこで長らく雌伏の時を過ごし、やがて成人して後にも近江国高嶋郡の三尾の地において罪人の子としての意識を持ち続けて生活をしなければならなかった。

ウシ王が畿内のいずれかの地に本居・本宅を構えていた形跡が窺われないのは、やはり事件の影響がなお強く尾を引いていたからに相異なく、さらに彼の子はヲホトただひとりだけであったのも、息長氏がウシ王の身柄を厳しく監視する立場にあり、王の生活万般に関わる活動への支援はできたとしても、王への女子の提供などということは想いもよらない事柄であったのだろう。ウシ王は振媛との結婚とヲホト王の誕生後夭逝したと伝えられているが、父王の大罪が連坐したその子の身体と精神に及ぼし続けた計り知れない影響の結果ともみるべきものではあるまいか。

さらにヲホト王自身も『古事記』が「近淡海国より上り坐さしめて」と記しているのは、宮廷の公式の把握ではヲホト王の身柄は本来近江国にあるべきはずのもの、越前にあってはならない性質のものという法形式的な捉え方をしているものと考えられ、『上宮記』一云や書紀が越前坂中井・三国より王を迎えたという書き方をしているのは、実際にヲホト王が越前から迎えられたという事実とともに、振媛の実家である三国君の家記・氏族伝承が優遇され、さらにはヲホト王を越前から迎えるのに中心的な役割を果たした大伴氏の家伝が書紀編纂段階で重視された結果であろうと思う。書き過ぎは真実の暴露につながる可能性が高いために、『古事記』はさらりと国法上の立場からの言辞でことを済ませようとし、ヲホトと手白香の婚姻を「入り婿」という性格に固定し、後世において彼の出自を詮索する輩が出現し事実関係が明らかにされないように配慮したのである。

このように、ヲホト大王の祖先系譜の中では最も影の薄い祖父王のことが『古事記』『日本書紀』ではまったく取りざたすらもされていない理由については、眉輪王事件とヲホト大王とのつながりを完全に遮断すべきであるとする両書編者の意向・意思によるものと断定してよかろう。しかもそのような動きはすでに『上宮記』一云の述作者にもさまざまな形で窺われたことであり、眉輪王とのつながりの秘匿こそがヲホト大王の系譜を歪め隠蔽させた最大の原因になっていることが理解されるのである。

ヲホト大王の祖先系譜を隠蔽し彼の出自・素姓を捻じ曲げようとしたもう一つの理由としては、五世紀以前のヤマト王権の歴史を事実とは違うものに仕上げていく上で、ヲホトの始祖を改竄するという工作が必要だったことにあると考えられる。ヲホト大王の父系の始祖が『上宮記』一云にかろうじて凡牟都和希王(ホムツワケ王)として遺存しているのは、われわれにとっては僥倖とも言うべき事態であったのであり、先ほど指摘したようにこれをホムタワケ王(応神天皇)とみなしては『古事記』『日本書紀』の天皇制建国史観に絡め捕えられてしまうことになるだろう。

『古事記』『日本書紀』は天皇の祖先の神々の高天原統治、天孫の高天原からの降臨による国土統治、すなわち皇祖天神の子孫たる歴代天皇による国土統治の歴史を描いた書物であり、建国の歴史はすなわち歴代天皇の統治の歴史であるという内容になっている。こうした構想に合致しない事実はすべて邪魔なものであり、むしろ危険なものとして排除する必要があったと考えてよい。右の両書を日本の古代史の大筋を描いた歴史書であると考えることはできず、とりわけ古く遡るほど史実と妄想との乖離は著大なものになるとみてよい。残された史料・遺存する言説・情報の量がきわめて少なくなるからである。そうした中で最も核心的な問題は、古代の王統譜上において誰が本物の始祖帝王なのかという問題なのであり、それ以前のヤマト王権の歴史はいかに推移したのかという疑問である。

筆者は『古事記』『日本書紀』編纂の素材とされた「帝紀・旧辞」の編纂段階において、すでに四世紀後半以前の「女王制(女王の国)」の歴史と、女王制から男王制への転換の史実は歪曲され不都合な事実は排除され隠蔽されたと考えている。女王制から男王制への転換点に始祖帝王の登場があるのだが、その画期となるのがヲホト大王の父系系譜の始祖ホムツワケ王である。「帝紀・旧辞」の編者らはヲホト大王が自分の始祖であると主張していた実在のホムツワケ王を王統譜上の始祖帝王と記定した場合には、やがてその次の課題としてホムツワケ王の出自が詮索され、初期ヤマト王権が「女王制(女王の国)」であったという真実の歴史が明らかになるという危機感を懐いていたと考えられる。そして、「女王制」の歴史を隠匿するために案出されたのがホムツワケ王をホムタワケ王(応神天皇)にすりかえるという策であったと考えられるのである。

五世紀のヤマト王権の王系譜はすでに示してあるようにA系譜とB系譜とに分かれていた。同族でありながら二つの王統を形成した王権は前代の「女王制」を前提として成立した。こうした事実を捻じ曲げて二王統を一系に統合するためにホムツワケ王像を基に応神(始祖王)・仁徳(二俣王)・履中(正嫡王)という虚構の天皇群が構作され、ヲホト大王の始祖があたかも聖帝応神であるかのような偽系譜が創作されたのである。そして、こうした策を推進するのに重要な役割を担ったのが息長氏であり、応神天皇の生母を息長帯日売とすることにより、応神が息長氏に出自する帝王であること、さらにはその子孫たるヲホト大王の出自母胎があたかも息長氏であるかのような系譜が編み出されたのである。しかし、これらはすべて虚構であるとみなさなければなるまい。

こうした系譜の改竄は允恭天皇の后妃記事にも及んでいる。応神天皇と息長真若中比売との間に生まれたとされる若野毛二俣王は仁徳天皇と同じ性質の二俣王であり、息長系の明確なこの人物の後裔が、一流は意富々等王からヲホト王へとつながり、允恭天皇は意富々等王の妹忍坂大中比売を后妃として安康・雄略両天皇を生んだとされたのである。しかし、忍坂大中比売も息長氏の手で造作された架空の皇后であり、安康・雄略らの真実の生母は息長氏とはまったく無関係の藤原琴節郎女(衣通郎女)だったのである。

琴節郎女は近江国坂田に在住する忍坂大中比売の妹で允恭天皇の愛妾であったかのように描かれているのであるが、飛鳥北辺の藤原の地に居住していたこの女性こそが允恭天皇の唯一の本物の后妃であり、その事実を歪曲してB系譜の始祖帝王である允恭天皇の系譜にも息長氏の系譜を忍び込ませ、引いてはヲホト大王の系譜につなげる役割を果たさせようとしたのである。忍坂がヲホト大王に所縁の地であることは明らかであるが、それは早くとも五世紀末以後のことであり、允恭朝の宮廷に息長氏が関係していたとする言説は事実を背景とするものとは考えられない。

もし允恭天皇とヲホト大王との関係を誠実な姿勢で明らかにする意図があるのであれば、允恭天皇の娘名形大娘皇女(長田大郎女)が大草香皇子との間に生んだ眉輪王(乎非王)を取りあげるべきであった。しかるに、すでに述べたように眉輪王はまさしく大罪人であったがゆえに、この人物に触れるわけにはいかなかった。というよりむしろこの関係を隠蔽する必要があったので、息長氏としてはわざわざ若野毛二俣王・意富々等王・忍坂大中比売らの虚像を編み出して、真実のヲホト大王の祖先系譜を改竄し隠蔽しようとしたのである。

## Ⅳ　雄略天皇の後嗣

眉輪王事件で統治権を確立した雄略天皇は、間髪を入れずにホムツワケ王の遺児である市辺押磐皇子と御馬皇子を暗殺する。『古事記』『日本書紀』には二人の皇子は履中天皇の子どもとしているが、履中天皇はホムツワケ王を正史の上から排除する目的で造作された虚像の天皇であると考えるので、本来はホムツワケ王の子どもとみなしてよい。これによってA系譜には市辺押磐皇子の遺児である顕宗・仁賢の兄弟と、眉輪王の子であるウシ王が遺され、すでに明らかにしたように七歳のウシ王は近江国に追放されたのである。

『古事記』安康段によれば、眉輪王事件の次に引き続いて市辺押磐皇子暗殺事件を記している。『日本書紀』雄略即位前紀では、安康三年八月の眉輪王事件の直後、その年の十月に暗殺事件が起きたことを記す。

事件の起きた場所は近江国蒲生郡の久多綿（来田綿）の蚊屋野とし、当地の豪族佐佐城山（狭狭城山）君韓帒が両皇子に狩猟を勧めたので出向き、その時に事件が勃発したとする。両書の筋書きの最大の相異点は、前者では押磐皇子の狩庭での不遜な言辞が事件を誘発したとするのに、後者では雄略は始めから殺害の意図をもって狩場に臨んだとしている。その理由は兄の安康天皇が生前中に押磐皇子を日継にしようと計画していたことを恨んでいたからであるとする。

しかし、そもそもまだ空位の状態の中を両皇子が揃って王都から遠くかけ離れた近江国まで出かけた理由は何なのであろうか。単なる狩猟を楽しむために彼らは近江にまで足を運んだのであろうか。はたまた、佐佐城山君と図って雄略は押磐皇子を謀略の罠にはめただけのことなのであろうか。事件を描いた史料はおそらくは佐佐城山君が保持していた家伝にあり、筋書きに近い事件が現実に起きたことは事実なのであろう。しかるに、彼らはなぜほかならぬ近江の湖東地方に出かけたのかが唐突過ぎて不審なのである。

筆者は両皇子の打ち揃っての出座は、近江国坂田郡に追放され蟄居させられていたウシ王の動静を視察し、近江国内や周辺諸国の豪族らに政治的圧力をかけるために行われたものと推測する。まだ幼い子どもであるとはいえウシ王は眉輪王の子であり、王統譜上重要な地位にいる人物であったので、王に群がろうとする近江あるいは近隣諸国の豪族らの動向を厳しく抑圧し牽制する必要があったものと考えられるのである。

しかし、なお不審なのは、それではなぜ押磐皇子が雄略の誘いに乗ったのかという点である。雄略は単独で行動せずなぜ押磐皇子を同行させたのかがわからないのである。そもそも大草香皇子の滅亡事件と眉輪王事件では押磐皇子は何らの動きもしていない。少なくとも史料上は皇子の動静がまったく掴めないのである。押磐皇子の王家は允恭・安康の王家とは婚姻関係がなく、両事件の際には事態を静観していたのかまったく動きが知られないのであり、おそらく皇子は政治的には日和見の態度をとった公算が高いと考えられる。

右にも記したように安康天皇は自分の後継者に押磐皇子を考えていたとする伝えがある。さらにまた、興味深いことに安康と押磐はその宮を同じ石上に構えていたらしい。安康の正宮は石上穴穂宮であり、市辺押磐は石上市辺宮を本居としたらしいのである。これは偶然の現象とは言えず、押磐はかねてより安康に接近し彼に見込まれていたということもあり得るのである。

押磐皇子の妹あるいは娘に忍海飯豊女王なる女性がいた。『古事記』は皇子の妹であるとし、青海郎女・飯豊郎女・忍海郎女などの複数の御名が伝えられている。一方、書紀は皇子の妹を青海皇女・飯豊皇女とし、皇子の娘に飯豊女王・忍海部女王・飯豊青皇女・忍海飯豊青尊がいたと記す。基本的に妹と娘といずれの所伝が正しいのかは明確ではないが、この女性には不思議な伝承がある。それは、

飯豊皇女、角刺宮にして、與夫初交したまふ。人に謂りて曰はく、「一女の道を知りぬ。又安にぞ異なるべけむ。終に男に交はむことを願せじ」とのたまふ。此に夫有りと曰へること、未だ詳ならず。

（『日本書紀』清寧三年七月条）

というもので、相手が誰かは明らかではないのであるが、一度だけ男と交わったとある。よくよく考えてみると、飯豊皇女と交わることのできた身分の人物は安康か雄略しかなかったのではないだろうか。しか

も彼女は今後絶対に交合を願わないと言っている。このような条件に適合するのは安康天皇なのではなかろうか。安康は押磐皇子の妹(娘)との正式の婚姻を望んで角刺宮に出かけたのだが、在位期間(筆者の推定ではおよそ五年)が極度に短か過ぎたために婚儀はついに実現しなかった。皇女の方では他の男(雄略)との交わりを最早肯んじなかったということなのであろう。

こうした考えが正しいとすると、押磐皇子が以前から安康に接近し取り入っていたこと、大草香皇子滅亡事件と眉輪王事件では日和見に徹し、むしろ内心では大草香王家の滅亡を喜んでいたと推測できること、さらにウシ王の動静を視察し地方豪族を威嚇するという雄略の提案と誘いにやすやすと引っかかったことも想定しやすい。そして雄略は押磐皇子とその弟御馬皇子を殺すことでA系譜の二つの王家との関係を完全に断ち切り、自己の後継者を作り出すことに専念できることとなった。

ところが、彼の唯一の愛児白髪皇子は即位することもなく夭逝し、雄略の没後には吉備腹の星川皇子反乱事件が起きる。この事件は星川皇子の擁立を図る吉備勢力とその与党らが起こした反乱というよりも、大伴・物部・ワニらの畿内勢力が仕組んだ一種の宮廷内クーデターであろう。吉備勢力が王家の外戚となることを一致して阻止しようとしたからと考えられる。ちなみに雄略が死没したのは加藤謙吉氏が論じているように『古事記』雄略段に記す己巳(四八九)年とみてよく、その在位は四六八年から数えること二十二年とみなすことができるのではなかろうか。

こうしてB系譜の王統は完全に断絶するに至る。『古事記』清寧段には、「此の天皇、皇后無く、亦御子も無かりき。故、御名代として白髪部を定めたまひき。故、天皇崩りましし後、天の下治らしめすべき王無かりき」とあって、王権最大の危機に直面したと記す。しかし、この言辞をまともに受け止めることは史実を見誤る根源になると思う。正系のA系譜に有資格者の王族が二人も実存していたからである。ウシ王と「顕宗・仁賢」の兄弟である。

## V　顕宗・仁賢兄弟の物語

顕宗・仁賢両天皇の兄弟の系譜については顕宗即位前紀冒頭に引用されている「譜第」の記述が重要であると思う。「譜第」の出所が何なのかは一考を要する問題であるが、市辺押磐皇子の外戚氏族である葦田宿祢・蟻臣らが葛城氏であることから、葛城氏の伝記が基になっていることが考えられる。ただし、この伝記には後世の造作の手が入っていることを忘れてはならないと思う。

譜第に曰はく、市辺押磐皇子、蟻臣の女荑媛を娶す。遂に三の男・二の女を生めり。其の一を居夏姫と曰す。其の二を億計王と曰す。更の名は、嶋稚子。更の名は、大石尊。其の三を弘計王と曰す。更の名は、来目稚子。其の四を飯豊女王と曰す。亦の名は、忍海部女王。其の五を橘王と曰すといふ。一本に、飯豊女王を以て、億計王の上に列叙でたり。蟻臣は、葦田宿祢の子なり。

雄略天皇の真実の後継者は諱を大石(大脚・大為)尊と称した仁賢天皇であろう。右の系譜では弘計王こと顕宗天皇の諱を記していない。これは仁賢が実在の王者で、顕宗にはもともと諱がなかったこと、すなわち実在性の疑わしいことを示している。両者には更名があるではないかと指摘する向きもあろうが、仁賢の「嶋稚子」・顕宗の「来目稚子」については、五世紀前半のホムツワケ王とミズハワケ王兄弟の幼名の伝承をモデルとして仁賢・顕宗兄弟の御名としたと推測できるもので、「嶋」とはミズハワケ王宮の「軽嶋」に由来し、「来目」はホムツワケ王が養育された「来目高宮」に所縁のある地名と推測される。しかも御名の序列が双方の兄弟で正反対になっており、明確な造作であると判定できる。対応関係を示すと次のようになる。

| | | | | |
|---|---|---|---|---|
| 兄 | ホムツワケ王 | 来目高宮・来目稚子――兄 | 仁賢天皇（オホシ） | 嶋稚子 |
| 弟 | ミズハワケ王 | 軽嶋之明宮・嶋稚子――弟 | 顕宗天皇（無し） | 来目稚子 |

双方の兄弟はA系譜に属する王者である。重要な相異点は上段の始祖帝王兄弟は即位の順がまともなのに対し、下段では弟から兄へと逆転していることで、兄にはオホシという諱（実名）が伝えられているのに、弟にはそれがなく、弟から兄への大王位継承は儒教的な相譲の精神に彩られた虚構とみなしてよい。顕宗天皇の長幼の順序を違えた即位は仁徳王朝の末期的症状の現れとして造作された話に過ぎないであろう。

顕宗天皇には難波王（難波小野王）という名の后妃がいたと伝えるが、この女性の系譜には錯簡があって信用できない。天皇には「子无かりき」（顕宗記）とし、さらに難波小野王は兄仁賢への無礼の振る舞いの故に自死したとする奇怪な伝承が付随する（仁賢紀二年九月条）。そもそも仁賢・顕宗の御名億計（オケ）・弘計（ヲケ）は彼らが身分を変えて隠れ住んでいた縮見屯倉首の宅にあった飼牛馬のための大槽・小槽から発想されたもので、御名は賤しい身分を象徴するものでこれも虚偽であり、唯一遺存する確実な所伝としては仁賢の諱「オホシ」だけであると言える。

父の市辺押磐皇子を殺された兄弟は播磨国に逃れて身を隠し、土地の豪族志自牟の家に召し使われる身分になる。ある時、国宰山部連小楯が部内を巡行してたまたま志自牟の家を訪れると、新室の饗宴が行われていた。参会者は順番に舞を舞ったが、火焼の少子の兄弟に舞をさせると彼らが押磐皇子の遺児であることが判明し、やがて両皇子は都に帰還して即位したという。

『古事記』清寧段の記述を要約してみたが、従来からこの話は貴種流離譚に類する一種の演劇であり、歴史的な事実とは直接関係のない説話であるとされている。書紀によると、本話に登場する中心人物には縮見屯倉首である忍海部造細目、播磨国司の伊予来目部小楯(山部連の先祖)らがあり、忍海部造は仁賢・顕宗兄弟の叔母である忍海部女王＝飯豊女王の角刺宮に奉仕した伴造で、伝記の核心部分はこの氏が持ち伝えていた伝承に発源すると考えてよい。

問題は仁賢がなぜ播磨に逃亡し隠れ住むことになったのかという点にあるが、それは演劇のシナリオの上での出来事に過ぎず、実際には仁賢(オホシ王)は父王暗殺事件の直後に身柄を拘束され、播磨国美嚢郡志深郷の忍海部造細目に預けられたのであろう。これは眉輪王の子ウシ王が近江国の息長氏の下に送り込まれたことと同じ政治的処罪と考えてよい。ウシ王の場合と決定的に違うのは、仁賢の父は罪を犯したのではないことから、叔母である女王の宮に奉仕関係を持っていた忍海部の地方伴造に預けられたことで、王はある意味では飯豊女王の庇護下に置かれたとも言える状態であって、彼が身分を隠し婢賤な仕事に従事したというようなことも事実ではないだろう。書紀には顕宗・仁賢が住んでいたとされる宮(小郊・池野・

川村・縮見高野)の伝承が記されており、幽閉先では王族としてふさわしい生活を送っていたことが窺われるのである。

『古事記』安康段には事件を知って逃亡を図った仁賢・顕宗兄弟が山代の苅羽井に到り着いた時、「面黥ける老人」が来て兄弟の食事の粮を奪い取ったという。その老人は兄弟に対して「山代の猪甘」であると告げたというのだが、実のところこの話はすでに囚われて播磨に護送中の仁賢が、自分の粮食を護送役の猪飼部らに強奪されたこと、囚われの仁賢が猪と等しく扱われたことを物語っているように思われ、黥面の老人というのは刑罰を受けた者を意味し、彼は罪人を獣と同じように取り扱ったために、後に探し出されて飛鳥川の河原において斬罪に処せられたと伝えている(『古事記』顕宗段)。

読者の多くは『古事記』や『日本書紀』の筋書きを頭から信用し、実際に仁賢が都から逃亡し地方に身をひそめた、あるいは仁賢(と顕宗)は現実には地方豪族ではなかったかと考えているのではないかと推測するが、そのような素朴な考えは単なる空想であり史料上の根拠がなく、彼の王族としての身分・素姓は最初から天下に公知の事実だったのであって、国司小楯が仁賢(と顕宗)の尊貴な出自を偶然に発見したとするのも小説の類であろう。

雄略は市辺押磐皇子・御馬皇子を殺害した際に同時にオホシ王も抹殺することができた。しかるにそうならなかったのは、雄略天皇の考え以外のところで別の強い意志が働いていたからではなかろうか。すなわちあくまでも王権・王統を護持し存続させたいと願う有力廷臣らの総意が雄略の暴走に歯止めをかけたのではないだろうか。おそらくウシ王の場合にもそのような配慮があったものと推測され、日継の候補者が根絶やしになるという事態は廷臣らの合意に基づいて抑止されたとみてよいだろう。したがって雄略天皇が死没し星川皇子の反乱事件が終息するとオホシ王は直ちに担ぎ出され、父王に所縁のある石上広高宮で即位して大王となったのである。

なお、オホシ王が即位する前に飯豊女王の「臨朝秉政（称制）」が挟まっているとする本居宣長以来の見解も根強く、また『古事記』清寧段には、

故、天皇崩りましし後、天の下治らしめすべき王無かりき。是に日継知らす王を問ふに、市辺忍歯別王の妹、忍海郎女、亦の名は飯豊王、葛城の忍海の高木の角刺宮に坐しましき。

と伝え、飯豊女王の短期の治世を想定する向きも根強いが、筆者の右の推定からすればオホシ王の地位・身分とその所在とは初めからわかっていたことでもあり、王の劇的な発見などというようなストーリーも虚構であるので、女王の統治伝承も虚構とみなしてよく、先に引用した「譜第」には飯豊女王の治天下のことに微塵も言及しておらず、日継の断絶と王権の危機を強調するための措置として造作された説話であるとみた方がよいものと思う。

## Ⅵ　武烈天皇は実在したか

武烈天皇はオホシ大王（仁賢天皇）の唯一の男子であると伝えられている。『古事記』仁賢段には大王の后妃と子女を次のように記している。

【雄略天皇の御子】

春日大郎女――高木郎女・財郎女・久須毘郎女・手白髪郎女・小長谷若雀命・真若王

【丸邇日爪臣の女】

糠若子郎女――春日山田郎女

次に『日本書紀』仁賢元年二月条から后妃と子女を抜粋する。

【雄略天皇の娘】

春日大娘皇女――高橋大娘皇女・朝嬬皇女・手白香皇女・樟氷皇女橘皇女・小泊瀬稚鷦鷯天皇・真稚皇女

【和珥臣日爪の女】

糠君娘――春日山田皇女(赤見皇女)

オホシ大王はワニ氏に出自する二人の后妃と結婚している。この時期には葛城氏が往時の勢力を凋落させており、大王家に入れる后妃を失っていたと考えてよく、ワニ氏がひとり王統譜の護持策を遂行していた。

春日大郎女(春日大娘皇女)の子女には一部に不審な点があるが、周知のように手白香皇女はヲホト大王と婚姻し、橘皇女は宣化天皇と、それに糠君娘の子春日山田皇女は安閑天皇と結婚しており、ワニ氏の影響力は六世紀前半まで及んでいることがわかる。これらの婚儀には大伴・物部両氏らも承認を与えており、とりわけ大伴大連室屋・金村の父子は安康・雄略朝以来配下に久米集団を統制していたことから、往時にクメノイサチが保持していた王統維持策に関わる不文律の発言権を確保しており、ワニ氏と並んで王統譜の擁護と維持には特別な権限を握っていた蓋然性が高い。後にヲホト大王を擁立した中心人物が金村と伝えられているのもそのような由来によるものと推測できる。

右の婚儀のなかでもオホシ大王と春日大娘皇女との婚姻関係はまさしくA系譜とB系譜との統合策の現れであるとみてよく、『日本書紀』の仁賢元年二月条には「前妃春日大娘皇女」と記すように、オホシ王と春日大娘との婚儀はいつのことかは明らかではないものの、まだ雄略天皇が在位していた時期、すなわち王の謹慎が解けて播磨から大和に帰った時に行われたのではなかろうか。そして後継者としての男子の誕生が待たれたと思われる。

しかるに現実にはひとりの男子も得られなかったとみてよい。唯一の男子とされる小長谷若雀命（小泊瀬稚鷦鷯天皇）は、雄略天皇の諱である大長谷に対する小長谷、仁徳天皇の名号大鷦鷯に対する稚鷦鷯の二つの合成から成っており、書紀では聖帝仁徳の高徳に反する無徳、大悪天皇と評された雄略の暴虐性をミックスしたような反道徳的反社会的な暴君として描かれており、治世に関係する具体的な記事も無いに等しく、その后妃春日娘子が何者なのかが不明で子どももいなかったとする。実体の乏しいこのような人物が実在したとはとうてい考え難い。

筆者はこれまでにも繰り返し述べてきたように水野祐氏の王朝交替説を承認できない者のひとりである

が、仁徳王朝が武烈天皇で最終的に断絶するという『日本書紀』の歴史構想を指摘したこと自体は正鵠を射ているものと評価している。これは歴史的な事実ではなく、あくまでも書紀編者の描いた理想的・理念的な歴史構想なのであり、継体天皇が仁徳王朝の衰亡の後を受けて応神天皇の血筋につらなる新王朝を樹立した経緯を説明し、新王朝の正統性を闡明するために創作された歴史小説とみなければならない。水野氏の学説は小説を歴史と取り違え、あたかもそれが事実であったかのように解釈している点で賛同できない代物なのである。

ヲホト大王が「応神天皇の五世の孫」と位置づけられた理由は、仁徳王朝以前の聖帝の後裔を名乗ることで系譜の尊貴性を強調しようとしていたためと考えなければならないのであるが、仁徳王朝の歴史が明確に理念と虚偽の体系であったとするならば、応神天皇をその前史に位置づけたことも虚構であるとしなければなるまい。

つまり、ヲホト大王即位に至るまでの書紀の歴史構想は全体として書紀編者の頭脳の中で組み立てられたある種の理念・理想なのであって、史実を忠実に反映しているものではなく、ヲホト大王の登場は新王朝の樹立でもなければ地方豪族の王権簒奪というような華々しい中国流の易姓革命・王朝交替でもなかったのである。大伴金村ら中央の権勢者は、五世紀の王統譜につらなる王族の中から、地方で命脈を維持していた二人の王族を擁護し順次に即位させたに過ぎないとも言える事態であったと考えられるのである。

そこで、再び本書の第二章冒頭に引用した『古事記』武烈段の文章を掲記してみることにする。

天皇既に崩りまして、日続知らすべき王無かりき。故、品太天皇の五世の孫、袁本杼命を近淡海国より上り坐さしめて、手白髪命に合せて、天の下を授け奉りき。

武烈天皇を実在しない天皇とみなすならば、「日続知らすべき王無かりき」と記した『古事記』の編者はここでも事実とはおよそ違うことを大胆に書き説明しようとしていることになるだろう。ヲホト王の擁立という路線はオホシ大王の治世の下で計画的に進められており、王位の交代はスムーズに行われたとみてよい。越前にいたヲホト王は即位以前の早い段階で大伴大連金村から即位の意向を打診されており、現大王の娘手白髪命との結婚も、すでに水谷千秋氏が指摘しているように即位以前の時期に進められていた可能性さえあり、この婚儀はまさしくA・B両王統の統合策の仕上げとも言うべき意義を担う措置なのであり、さらに王はすでに越前・近江・畿内の間を往来する自由を確保しており、『上宮記』一云や書紀が描くヲホト王の擁立事情についてもほとんど信用の措けない筋書きと解せられるものである。

日継の御子がいない、王位を継承できる王がいないという深刻な言辞を繰り返し記すことによって、『古事記』の編者はヲホト大王の即位をあたかも前の時代とは異なる新しい王者の出現であるかのように描こうと策しているのであるが、「帝紀」の記述を余りに信用し過ぎるととんでもない虚報に翻弄されることになりかねないであろう。なぜならば、ヲホト王は謎に包まれた王族でもなければ、また素姓の知れない地方豪族でもなかったからである。

# 第五章　ヲホト大王と大和

## Ⅰ　ヲホト大王と大和との関係

ヲホト大王の出自を地方豪族と推考する論者は、大王と大和とのつながりについてあまり大きな関心を持っていないようにみえる。少なくとも即位以前の時期には中央勢力との間にほとんど関係を形成することがなかったと推考するからである。そしてその分だけ追究の手が甘くなってきたのも当然のことだろう。また王族説をとる論者にしても、ヲホトは地方に土着していた傍系の王族なのだから大和との関係はかなり希薄なのだろうと恣意的な想像に終始し、結果的には大和というよりも河内・摂津・山城など広く畿内に範囲を広げる形でヲホトの足跡を追究する努力をしてきたのであって、その方法論に基づいてそれなりの学問的な成果が挙げられてきたのも事実である。

しかし、筆者の前章までの検討により、ヲホトの出自についてはこれまでとは異質なまったく新しい見方が可能になってきたので、畿内地域のみならず大和との関係性をより一層強力に究明する必要がでてきたと考えてよい。ヲホト王と大和との結びつきはきわめて緊密なものがあったのではなかろうか。

そこで、本章ではヲホト大王をめぐる問題のうち、息長氏が造営しヲホト王に提供した忍坂宮の問題、遷都の謎と磐余玉穂宮の問題、ヲホト大王の祖先たちの陵墓の所在地などを主に取りあげて筆者の現時点での推論を披歴してみることにする。

## Ⅱ 息長氏と忍坂宮

和歌山県橋本市隅田に鎮座する隅田八幡神社に保存されてきた人物画像鏡には次のように解読されている銘文が鋳出されている。福山敏男氏の釈読は、次のようである。

癸未年八月日十大王年、男弟王、在意柴沙加宮時、斯麻、念長奉、遣開中費直穢人今州利二人等、所白上同二百旱、所此竟、

【癸未の年八月、日十大王の年、男弟王が意柴沙加(忍坂)の宮に在した時、斯麻が、念長奉、開中費直穢人今州利二人等をして、白上(精良)の銅二百旱を択び取って、此の鏡を作らせた】

福山説の要点をまとめると以下のようになるだろう。まず銘文冒頭に記されている「癸未年」については四四三年説と五〇三年説が有力であるが、五〇三年説を妥当と解していること、「日十大王」はオホシ大王＝仁賢天皇とみてよいこと、「男弟王」は即位前の継体天皇を指し、「意柴沙加宮」は大和国の忍坂宮のことで、継体は即位前のある時期からすでに大和におり、癸未年には忍坂宮に滞在していたと推定することも不可能ではないと述べている。さらに「斯麻」なる人物については継体の臣であり、鏡の作者と銘文の作者は百済系の渡来人であったらしく思われると述べている。

筆者は直接自らの目で鏡の銘文を観察しこれを検討する機会に恵まれていないために、福山説を信頼す

るほかに依拠すべき手段を持たないが、「斯麻」という名の人物をヲホト王の臣下とみなしていることに疑問があるのと、鋳鏡の行為について、最初の釈読では「念長寿」であったのが後に「念長奉」に変化しており、なお一貫性に欠けている点に問題性が残されているほかは、福山氏の解読に基本的には賛意を表したいと思う。

次に山尾幸久氏の訓読を掲げることにする。

癸未の年(五〇三)八月、日十(ヲシ)大王の年、孚弟(第。フト)王意柴沙加(オシサカ)宮に在す時、斯麻(シマ)、長く奉えんと念い、□中費直・穢人今州利(コムツリ)二人の尊を遣わし、白す所なり。同(＝銅)二百旱(＝桿)を上め、此の竟(＝鏡)を(作る)所なり。

みられる通り、山尾氏の説は福山説を発展・修正しながら新しい解釈を加えていることがわかる。そのひとつは、「男弟王」の「男」字を「孚」と読み替えて継体の諱「彦太(フト)尊」(継体即位前紀)との整合性を明らかにしたことであり、本書冒頭でも触れているようにヲホトの本来の名は「フト」であった可能性が高い。次に「斯麻」はこの鏡の鋳造と銘文の作成を命じた主体であるとして、百済の武寧王(在位五〇二〜五二三年)をその候補に挙げたことである。

武寧王の諱(実名)は『日本書紀』武烈四年是歳条に引く「百済新撰」に「斯麻王」の御名の由来が記されており、先年調査された韓国公州の武寧王陵から出土した墓誌銘にも「斯麻王」とあって、武寧王説が明確となったと言える。さらに、従来「開中費直」について河内の渡来人と釈読されてきた人名についても、「開」字はこのように読むことが困難であるとして、「□中」を百済領内のいずれかの地域名に比定すべきであるとし、「費直」はコホリチカつまり百済王に仕える臣下の敬称で、穢人今州利とともに武寧王の命令を受けて鏡を鋳造し継体に贈与した百済の官人と推定しているのである。

百済王がまだ即位していないヲホト王に鏡を贈与した意図は、銘文の「長く奉えんと念い」という文言の中にすべてが言い表されているだろう。すなわち百済と倭との間で長く培われてきた同盟関係をさらに継続・強化するため、その即位が見込まれるヲホト王に先手を打って自己の意思を表明し、将来にわたる相互の友好関係を図るということである。「斯麻」という王名と「長く奉えんと念い」という言葉はいずれも百済王側の謙譲に基づく表現である。

いずれにせよ、ヲホト王の履歴と地位との情報についてはこれ以前より百済王廷にも聞こえていたのであり、ヲホト王は即位直前の時期に大和の忍坂に居住しており、書紀が描くところの日継断絶による緊急事態の中で急遽越前よりヲホト王が召し出されたとすることは、およそ事実とは異なる記述であったということになる。ヲホトの即位事情はそのような緊迫感を孕んだ危機的な情況を示す性質のものではなかったと言わざるを得ないのである。

筆者は隅田八幡鏡の癸未年を五〇三年に比定する右の両氏の説に賛成する。なぜならば、前著でも詳しく論じたように「大王」号の創始者を允恭天皇＝倭王済とみており、允恭は四四三(癸未)年から四六〇(庚子)年までの在位期間中に大王号を名乗り始めたと推定できるからである。ただ、允恭の即位は四四三年前後が確実とみられるが、その時期にはまだ大王号を名乗り得る政治的実力を持っていたとはとうてい考えられず、B系譜に属する允恭としては即位そのものが困難を極めたので、超越的な君主として立ち現れる条件は即位直後の時期にはまだ十分に整っていなかったと考えられる。

倭国大王の出現を基礎づける政治的条件としては、まず国内的にはいわゆる「定姓」政策の実行による首長層の統制と秩序化を挙げることができる。允恭の定姓政策の実体については前著で詳しく述べているのでここで改めて論じることはしないが、允恭が実施を強行した「定姓」は畿内首長層だけではなく広く西日本一帯の地方首長層にも及ぶもので、王権の飛躍的な基盤強化につながる内実を示していた。外戚の葛城玉田宿祢との確執と対立はまさしく允恭の強権的な政策に主な原因があったものと推測できる。

次に、国際的には宋王朝からの「安東大将軍・倭国王」の除爵と対高句麗征討計画などが指標になると考えられるが、四五一年に派遣された二回目の遣使と対宋外交により、倭国を含め朝鮮半島南部の「新羅任那加羅秦韓慕韓」に対する軍事指揮権を初めて獲得したことは、倭国王として異種族の支配権を国際的に認められたことを意味するもので、名実ともに「大王」号の政治的基盤が整ったものとみられる。同時に允恭は二十三人に及ぶ臣下に対しても「軍・郡」号の除正を認められており、倭国大王の軍政府は倭国内から朝鮮半島南部地域に軍事・行政にわたる支配権を拡大し得る名目を獲得したのである。

以上のような論拠から、「曰十大王」を五世紀中葉の大王号とみることはできず、福山・山尾説のようにオホシ大王＝仁賢天皇とみるのが妥当であり、銘文はその治世下の癸未（五〇三）年に孚（男）弟王＝ヲホト王が意柴沙加宮に居住していた事実を明らかにしていると考えてよい。問題は意柴沙加（忍坂）宮とヲホト王との関係をどのように説明するかでなければならないであろう。

さて、忍坂宮の所在地については周知のように大和国城上郡忍坂郷（桜井市忍坂）と考えてよいだろう。

通説ではこの宮の最初の主は允恭天皇の皇后忍坂大中姫であるとされている。しかるに、筆者はすでに述べてきたように忍坂大中姫の実在性を否定することができ、また皇后の名代とされて疑われてこなかった刑部(押坂部)も五世紀に設置されたことについては大いに疑問があると考えている。薗田香融氏が論じた刑部の設置問題については、敏達天皇の子ども忍坂彦人大兄皇子に奉仕する名代として本格的に設置されたのがこの部の始まりではないかと考えており、忍坂宮そのものも五世紀後末期に初めて造られた宮ではないかと思う。言うまでもなくヲホト王の大和における活動拠点としてである。したがって刑部の淵源はヲホト王の忍坂宮に仕える伴(トモ)の資養料として設置されたものであろう。

第三章で少し詳しく論じたように、ヲホトの誕生は四八五(乙丑)年を妥当とする。その場所は近江国高嶋郡の三尾の地で、ウシ王の「高嶋宮」(三尾別業)においてであった。この宮は当地の豪族三尾君の肝入りで造営されたものと考えてよい。その後早い時期(四八〇年代後半)にウシ王は死没し、ヲホトは母振媛の養育を受けながら高嶋宮で成長を遂げ、また母の里である越前国坂井郡にも足跡を残したが、四九〇年代末ころに首服の儀礼を経て成人したことを契機として、息長氏は大和国城上郡忍坂郷にヲホト王のための宮を造営したのではあるまいか。

推測してきたように息長一族とヲホト王との関係は最初のうちはかなり希薄で、むしろ両者の関係はウシ王の時期に始まったと言えるようであり、しかもその本拠地である近江国坂田郡ではウシ王は息長氏に監視され庇護を受ける立場にあったので、その地に自立した宮を構えるというようなことはなかった。もとより、素姓の明確な王族として息長氏はウシ王・ヲホト王父子にさまざまな経済的支援と奉仕を惜しまなかったとみられるが、四八九年に雄略天皇が没し、オホシ大王の即位が現実化したこともあって、次の日継問題が取りざたされるようになり、中央政界でのヲホト王の政治的立場や評判がにわかにクローズアップされ始め、さらには前にも述べておいたように手白香皇女との婚儀が進められたこともあって、息長氏は忍坂の地にヲホト王のための宮を経営したのではあるまいか。

おそらくそれは大伴大連金村ら中央政界首脳部の大方の賛同を得てのもので、ヲホト王の即位については既定のものになっていた可能性が強い。百済武寧王は五〇二(壬午)年に即位するが、間髪を入れず翌五〇三(癸未)年に使者を派遣して鏡をヲホト王に贈与するという政治的行為を行っているのは、ヲホトの即位が百済宮廷内でも確度の高い情報として伝えられていたからであろう。このように考えられるとすると、日継の断絶による後継者の不足という事態や、ヲホト王の地方からの担ぎ出しというような記述はすべて空虚な作文であると評することができ、さらに王と手白香皇女の婚儀が五世紀の王統への「入り婿」策などという性格づけにも虚偽があるとみなければならない。そうではなく、ヲホト王の即位は五世紀以来の王統譜を継ぐ正真正銘の王族の擁立策で、手白香皇女との婚姻も王統譜の統合策としての性格と内実を帯びていると言わざるを得ないものなのである。

息長氏という一介の地方豪族を古くからの「皇親氏族」とみる論者が多い。しかし、その考え方は『古事記』『日本書紀』掲載の虚偽の系譜伝承にまんまと乗せられたもので、息長氏はクメ・ワニ・カツラギら大和の古い勢力と同列の王室外戚集団(母族)とみなすことはできない。むしろ息長系譜は自己をそのような集団に見せかけようとしてさまざまに強引な言説を作り出し、虚構の天皇系譜とその歴史を捏造するのに一役買ったものと評するほかにはない代物と言える。大橋信弥氏が強調しているように、息長氏の一族で実在性の確実な最初の人物は敏達天皇の皇后となった広姫であり、その父を息長真手王と伝えている。

又息長真手王の女、比呂比売命を娶して、生みませる御子、忍坂の日子人太子、亦の名は麻呂古王。次に坂騰王。次に宇遅王。三柱。

（『古事記』敏達段）

息長真手王の女広姫を立てて皇后とす。是一の男・二の女を生れませり。其の一を押坂彦人大兄皇子と曰す。更の名は、麻呂古皇子。其の二を逆登皇女と曰す。其の三を兎道磯津貝皇女と曰す。

（『日本書紀』敏達四年正月条）

周知のように広姫の墓は延喜諸陵式に「息長墓」とし、「近江国坂田郡」に在ると伝えている。息長氏が王家の外戚関係を形成したのは広姫に始まるとするのが妥当であり、右の系譜の最大の問題点は息長真手王にあると思う。この人物はすでに指摘しておいたように、ヲホト大王の后妃記事にも名前がみえている。

息長真手王の女、麻組郎女を娶して、生みませる御子、佐佐宜郎女。一柱。

（『古事記』継体段）

息長真手王の女を麻績娘子と曰ふ。荳角皇女を生めり。是伊勢大神の祠に侍り。

（『日本書紀』継体元年三月条）

継体朝または敏達朝のうちいずれかの息長真手王が存在しない人物とみてよく、おそらく継体朝の真手王こそが虚偽の人物であろう。もしササゲ皇女が実在したとすると、真手王とは違う人物が皇女の父であったことになるが、遺憾ながらその名は最早わからない。

もう一つの問題は息長が最初から王族になっていることである。しかし、これは虚偽であり、すでに指摘しておいたように広姫の父は息長君真手すなわち君姓を名乗るというのが本来の正しい姿であっただろう。しかるに王族を称しているのは息長氏が天武朝において皇親氏族になったことに由来があると思う。天武十三年十月に天皇は「八色の姓」の制定を宣言し、まず手始めに継体天皇以後の皇室の近親氏族に「真人」姓を授け、皇親政治の基盤作りを進めたのである。

是の日に、守山公・路公・高橋公・三国公・当麻公・茨城公・丹比公・猪名公・坂田公・羽田公・息長公・酒人公・山道公、十三氏に、姓を賜ひて真人と曰ふ。

ここに見える十三の真人姓氏族はそのほとんどが近江または越前の君姓氏族であり、ヲホト大王に所縁のある氏族ばかりである。『古事記』応神段末尾に記載された系譜にみえる意富富杼王の後裔とされた氏族らと共通するものが多いのは、天武朝に皇親氏族として公式に認定された氏族だったことを反映するものと言える。

意富富杼王は、三国君、波多君、息長君、坂田君、酒人君、山道君、筑紫の末多君、布勢君等の祖なり。

息長君もこれらの中に含まれており、決して王族とはみなされていない。にもかかわらず『古事記』『日本書紀』に王と公称する者が頻出するのは、広姫の子息忍坂彦人大兄皇子とその直系につながる後裔の天皇たち、とりわけ舒明・皇極・孝徳・天智・天武ら七世紀の天皇が息長系譜に出自したからである。その関係を図示すると次のようになる。

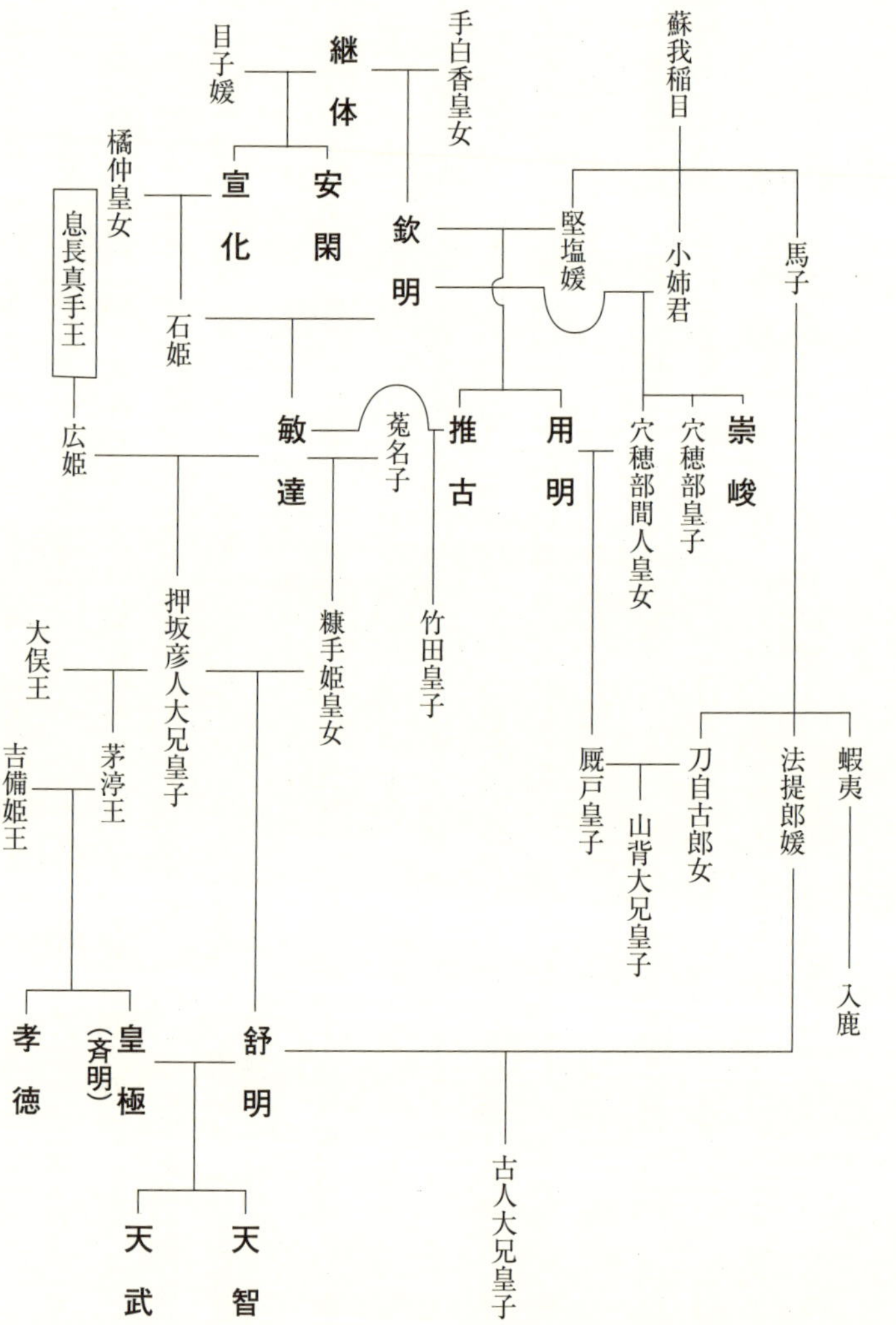


図３　息長氏と欽明・敏達天皇（太字は天皇）

なかでも、息長氏は七世紀の非蘇我系の天皇らと密接な関係を保持していることが窺われる。先に指摘した忍坂彦人大兄皇子は生母広姫の下に忍坂宮で育てられた模様であるが、皇子は「太子」（敏達記・用明紀二年四月条）と呼ばれており敏達天皇の有力な後継候補としての地位にいた。しかるに、母后が夭逝するという悲劇に見舞われ、皇子の即位は急遽皇后に立てられた額田部皇女と大臣蘇我馬子の策謀により阻止されたが、妃となった異母妹糠手姫皇女（田村皇女、敏達記には糠代比売王・田村王とある）との婚姻によって生まれた田村皇子が、予期に反して推古天皇の遺詔を忠実に実行した蘇我大臣蝦夷の後押しにより即位して舒明天皇となる。田村皇子は幼少期を母家である田村里（添上郡）で過ごしたようであるが、成人後には父皇子の遺領忍坂宮に入り、死後には押坂陵に葬られ、殯宮儀礼において「息長足日広額天皇」の諡号を贈られた。

薗田氏が指摘したように、舒明の諡号「息長足日」は息長氏が天皇の「日足し」すなわち養育担当であった関係性を如実に窺わせるもので、書紀皇極元年十二月条には「息長山田公、日嗣を誄び奉る」とあり、近江国坂田郡朝妻郷に鎮座する山田神社（彦根市鳥居本町）に所縁のある人物が天皇の誄を行ったようであり、天皇の生母田村皇女もまた天皇陵域内の押坂墓に葬られていることが知られる。田村皇女は長寿を全うし天智三年六月に死没したが、島皇祖母命と呼ばれ、天智・天武両天皇の父方の祖母として手厚い待遇を受けていたようである。

大化の新政において孝徳天皇の諮問を受けた中大兄皇子（天智天皇）は、自分が伝領してきた「皇祖大兄の御名入部（彦人大兄を謂ふ）」を天皇に返還する旨の答申を行った（書紀大化二年三月条）。皇祖大兄の御名入部とは薗田氏が指摘した押坂部(刑部)を指し、忍坂彦人大兄皇子―田村皇女―舒明天皇―中大兄皇子と相次いで伝領され、彼らの母族である息長氏が宮と部民とを管理してきたものと推定している。薗田氏はこれらの関係を無媒介にそのまま五世紀の忍坂大中姫の時代にまで遡らせ、息長氏の皇親氏族としての歴史的淵源をそこに求められているのであるが、すでに述べてきたようにこうした見方は誤りであり、忍坂宮・刑部はヲホト王の時期の忍坂宮の造営にその起源を置くべきであると考える。

## Ⅲ　磐余玉穂宮

ヲホト大王と大和との関係性について重要な指標となるのが、その正宮と考えられる磐余玉穂宮である。この点について『古事記』継体段には、「伊波礼の玉穂宮に坐しまして、天の下治らしめしき」とあり、本宮がヲホト大王の正宮であることを記述しており、また『上宮記』一云にも「伊波礼宮に天の下治しめしし乎富等大公王なり」とあって、伝承が一致している。遺存する文献がこうした記述だけであったとするならヲホト大王は即位当初より大和にいたことになるのだが、『日本書紀』はヲホト大王の即位のことについてこれらとはまったく違うことを記している。

継体紀元年正月条によれば、大伴金村大連らに迎えられたヲホトは大和ではなく河内の「樟葉宮に行至りたまふ」とあり、二月に当宮で即位したことを記すのである。大王はその後継体五年十月に「都を山背の筒城に遷」し、さらに継体十二年三月には「遷りて弟国に都す」とし、二十年九月に至り「遷りて磐余の玉穂に都す」とあって、二十年間の長期にわたり大和に都を置くことがなかった。ただ、前にも問題視したように書紀には「一本に云はく、七年なりといふ」と記す分註があって、実際には継体七年に磐余へ遷都したというのが事実のようであるが、それにしても長期間にわたり大和以外の土地で王都を三転したというのは、前後にまったく類例のない謎の動きであると言わなければならない。

このことについて、従来の説ではヲホトの大和入りに反対する勢力があったためとみなすのが定説であり、さらには息長氏の居地が山背の筒城にあったので息長氏との関係を求めて都を選んだのだとみる説などが提起されているのであるが、では誰が反対し抵抗したのかについて確かな具体例はこれまでに示されたことがないと思われるし、葛城北部の勢力を比定できるとする塚口義信氏の説には、葛城氏だけがなぜ王統譜上の歴とした王族の大和入りに反対したのかについて理由を示していない点で賛成できず、実のところ何らかの勢力が妨害し緊迫した情勢にあったことを証する史料も見出されていないと考えている。先ほど述べたようにヲホトは即位以前の時期には忍坂宮に居住しており、即位を契機として樟葉宮に入ったと考えなければならない。

また、息長氏の活動痕跡が畿内、とりわけ山背地域に存在しているのは、彼らがヲホト王家との接触後に畿内へ進出したことを示す証拠ではあっても、それがヲホトの定都や遷都の主な原因・理由になったとは考え難い。息長氏はヲホト大王の支持勢力のひとつではあったとしても、擁立勢力であったとはみなせないからである。

筆者の考えでは、ヲホト大王は自己の描いた政治戦略により即位後七年間を大和以外の土地に定都したと考えてよいと思う。大伴・物部氏らの中央豪族も大王のこうした異例の計画に積極的に反対した形跡がなく、ヲホト大王としては自己の計画を存分に達することができなかったために、最終的に大和入りをせざるを得なかったというのが真相なのではなかろうか。そもそも彼の三人の後継者たち、すなわち勾大兄皇子・桧隈高田皇子・欽明らはヲホト大王の即位に伴い、それぞれの大和の皇子宮(勾金橋宮・桧隈廬入野宮・磯城嶋金刺宮)に落ち着いた可能性が強い。後継候補の皇子らを大和に居住させた上で大王自身は河内・山背に王都を置いたと言うべきであろう。

遷都を繰り返した樟葉・筒城・弟国の三つの王宮が所在した場所の共通点は、河内・山背両国の国境に近接するいわば辺地ではあるが、畿内のへそともいうべき地域であると共に、さらにもう一つの共通点は、淀川・木津川・宇治川・桂川など畿内第一級の大河の合流点に近い地であり、王宮に近接して港津・渡河点がひかえており、さらには河川沿いに重要な交通路が付近に集中しているという特徴が認められるのである。淀川から大阪湾に出ると住吉・猪名・武庫などの有力港津群が控えてもいた。

樟葉・筒城・弟国の地は淀川の中流域にあって、瀬戸内海から淀川を遡上する対外航路の起終点に相当し、さらに木津川とそれに沿う交通路を経て大和につながり、他方では宇治川から琵琶湖方面への舟運と陸路を通じて大王に強い所縁のある地方豪族の本拠地近江・越前・美濃・尾張などと結ばれており、さらにこれらの地域はいわばヤマト王権の歴史的伝統に縛られた旧勢力の影響の少ない地域でもあった。

ヲホト大王がこれらの地域に定都したのは、おそらく百済王都熊津を模範とした恒久的な軍事的新王都の造営計画であったのではなかろうか。周知のように、百済の熊津の都は、四七五年の高句麗軍の大規模な侵略により陥落した漢城(尉礼城)に代わる王都として、忠清南道公州の地に造営された新都である。地勢が類似しているほかに、新天地への遷都ということがヲホト大王に大和以外の地域への造都を構想させた要因になっているのではなかろうか。

熊津城は錦江の中流域南岸に位置し、北方からの高句麗の軍事的圧力に対抗し、同時に半島南部地域への領土の拡大策にも都合のよい位置関係を占めていた。百済王権はやむを得ない事情により長らく王都のあった土地を捨てて新天地に王都を経営することになったのであり、ヲホト大王は百済首都の新展開をみて、これを自国でも模倣しようと策したのではあるまいか。当時の倭国が外国からの侵略を受ける懸念はまったくなかったものの、百済新都の戦略性そのものがヲホト大王の統治構想に一定の影響を与えたものと考えられるのである。

大王は樟葉・筒城・弟国の各王宮の地に順次どのような施設を造営し、それらの施設をどのように運営しようとしたのかについては、七年という短い期間で終わりを告げたためにまったく不明であるが、大王の目は日常的に朝鮮半島とそこでの情勢に向けられており、百済武寧王の外交政策や新羅・伽耶の複雑な動静に素早い対応をし、さらには国内各地の首長層を対外政策に協力させる上でも右の地域はきわめて有効な土地であった。しかるに、これらの計画には大和の旧勢力が消極的であり、とりわけ王都そのものを奈良盆地の外域に設置するという考え方には根強い反対があったものと想定できる。そのためにヲホト大王の果敢な挑戦は短期間で終わらざるを得なかったのであろう。

こうしてヲホト大王は最終的には磐余玉穂宮に落ち着いたわけであるが、筆者は大王がほかならぬ磐余を最後の定都の地に選んだのには、始祖帝王ホムツワケの都が磐余稚桜宮であったこと、ホムツワケ王がヲホト大王の祖先系譜における父系直系の始祖であるという系譜上の事実と無関係ではなかったと考えている。

『古事記』『日本書紀』に記す「磐余宮」の系譜には虚偽があると考えられる。磐余がはじめて王都となったのはホムツワケ王の時であり、前著で考証したようにホムツワケ王が磐余稚桜宮で即位したのは四一八年のことであった。神倭伊波礼毘古（神日本磐余彦）、つまり虚構としての御肇国天皇である神武天皇が磐余彦を名乗っているのは、ヤマト王権の事実上の初代天皇＝始祖帝王が磐余を王都とした史実に基づいて発想されたためであり、実際の初代磐余彦とはホムツワケ王であったとしなければならない。

そのように記念すべき王権の聖地であり、また自己の系譜上の始祖でもあったホムツワケ王の王都と同じ地に宮都を定めることにより、王位の正統性を天下に顕示することができ、またヲホト大王の王統譜上の位置を具象化することができたのである。興味深いのは、玉穂宮という宮号にはホムツワケ王の御名と同様の「穂」が共通していることで、それはさらにホムツワケ王の生母であった女王サホヒメの名号の「穂」にも由来するらしい。神聖な稲穂を意味する「玉穂」が大王の宮号になっているのは、始祖の時代への回帰、稲穂の神聖王の再来という意義が込められているように思われるのである。

## Ⅳ　ヲホト大王陵と大草香皇子陵

筆者の指摘してきたことが事実であるとすると、ヲホト大王の大和との関係はこれまで述べて来たこと以外にもさまざまな問題を提起していることになると考えられる。以下にはヲホト大王の陵墓をはじめその祖先の陵墓について推測をめぐらしてみることにしたい。

文献史学にあってはそれは不可能なことであると批判する論者があるかも知れないが、よくよく考えてみると、ヲホト大王の祖先につらなる王族は五世紀の王統譜にその名を記憶され記載された王族たちだったのであり、身分的にもこれらの人々はかなりの規模の古墳に葬られている可能性が高いのであるから、必ずや畿内のいずれかの地に奥津城を設けていることが推測されるのである。もしそれが明らかになれば、ヲホト大王の畿内における政治的・経済的な基盤のみならず、大王の未知の動向を究明する手がかりが得られることになると考えられるのであり、今後の研究に資するところも多いのではあるまいか。

さて、五世紀代の王者らは河内の古市・百舌鳥古墳群にその奥津城を造営していたことは明らかである。それに対してヲホト大王は古市・百舌鳥古墳群中には陵墓を造営していない。『古事記』『日本書紀』『延喜式』には大王の陵墓は次の場所にあると記されている。

御陵は三島の藍の御陵なり。（『古事記』継体段）

葬于藍野陵。（『日本書紀』継体二十五年十二月条）

三嶋藍野陵　磐余玉穂宮御宇継体天皇。在摂津国嶋上郡。兆域東西三町、南北三町。守戸五烟。（『延喜式』諸陵寮）

淀川北岸の三島（後の摂津国嶋上郡・嶋下郡を合わせた地域）には太田茶臼山古墳（茨木市太田）と今城塚古墳（高槻市郡家新町）の二つの巨大古墳が所在している。宮内庁は太田茶臼山古墳を継体天皇陵に治定し、後者の今城塚古墳は陵墓指定されていないのは周知のところである。ヲホト大王陵の陵墓名となっている藍・藍野というのは茨木市にある安威・安威川・阿為神社などに残る地名で、太田茶臼山古墳の北辺付近に広がっている。安威川左岸には阿武山から南へ伸びる富田台地が張り出しており、今城塚古墳の所在する芥川流域平野とは別の区域を形成している。そのため、幕末の陵墓治定において今城塚は陵墓には認定されず、安威の地名が残された太田茶臼山古墳が継体陵に治定されて現在に至っているわけである。

太田茶臼山古墳は造営時の墳丘の原型を非常にきれいに留めた古墳であり、その規模も全長二二六メートルを計測する巨大な前方後円墳であって、それに対し今城塚古墳（墳丘全長百九十メートル）は最近の調査でも明らかになったように戦国時代には墳丘を利用して城砦が造られ、墳丘自体や周濠の土堤などがかなり荒らされていることもあって、近世中期以来それが大王陵であるという記憶すら薄れていたという事情も重なり、本物のヲホト大王陵であるという知見が確立するのがきわめて遅れてしまったのである。

しかるに、今城塚古墳の学術調査の結果、双方の古墳の墳丘などに使用されている埴輪が高槻市上土室で発見調査された新池遺跡（「摂津国三島郡埴廬」欽明紀二十三年条）の大規模な埴輪窯・埴輪工房から供給されたものであることが明らかになり、太田茶臼山古墳への供給埴輪は五世紀中葉のもの、今城塚の埴輪は六世紀前半から中葉のものであることが明確化し、今城塚古墳こそが真の継体陵であると認定されるようになった。

藍野陵は『延喜式』には「摂津国嶋上郡」にあると記されているが、今城塚古墳こそがまさしくこの記述に合致するのであり、藍・藍野の地名も古くは芥川流域方面にも及んでいたことが推定され、今城塚古墳がヲホト大王陵であるということは現在では確説になっているものと認められるだろう。すなわちヲホト大王はその没後にこの古墳に葬られたのである。

それなら次に問題となるのは、なぜヲホト大王陵が三島の地に造営されることになったのか、ヲホト大王と三島との間にはいかなる関係性が想定されるのかということでなければならないのであるが、著者はヲホト大王にゆかりのある豪族が当地にいたとか、ヲホト大王は元来三島を本居とした王族であるとかいう議論は間違いであり、ヲホト大王陵は曽祖父である大草香皇子の所領の一つであった当地に奥津城を造営したと解すべきであると考えている。もし仮に皇子領の想定が誤りであったとしても、三島地域には三嶋県（三嶋竹村屯倉の前身）が允恭朝頃に設定されており、広大な王領が当地域に所在したことは確かな事実であるから、大王陵が造営される条件は整っていたとしなければならない。そしてこのように想定する最大の理由は、大草香皇子の陵墓こそが太田茶臼山古墳であると推定されるからである。

大草香皇子は筆者の復原王系譜では始祖帝王ホムツワケ王の子どもに相当する。生母は日向国諸縣郡出身の髪長媛（諸縣君牛諸井の娘）であり、帝王の后妃としてはきわめて珍しい辺境地方の出身者であった。それゆえに王位に就く資格は保持していたのではあるが、地方豪族を母族としている点と、謀反を企んで安康王家と厳しく対立したことから、古市・百舌鳥古墳群中に陵墓を造営することが許されなかったと考えられるのである。

大草香皇子はその宮を草香（日下）の地に経営していたらしいが、草香の地は河内国河内郡で生駒山西麓部に位置し、西方の平野部には淀川・大和川の氾濫原と往古の河内潟のなごりの広大な池（深野池）が広がっており、日下の蓼津・大津から水域を北上すれば茨田連氏の本拠地である茨田郡を経て三島の地域に容易に到達することができた。また生駒山地西麓を南北に結ぶ交通路を草香から北上すれば淀川の要津である樟葉の地に至り、そこから渡河すると同じく三島地域に至ることができた。

生駒山地西麓や淀川流域の原野は古代の馬牧のきわめて発達した地域で、河内の馬飼部集団が古くから各地に居住していたところである。周知のように、ヲホト王は即位を決断する決定的な場面で河内馬飼首荒籠の進言を聴取し、その意見に従って即位に踏み切り、後には荒籠を特別に寵愛したと伝えている（継体即位前紀）。

ヲホトが荒籠を知っていたのはどのような事情・由来によるものかはわからないのであるが、推測するに荒籠の先祖が大草香皇子の日下宮に仕えたことが発端になり、ヲホト王家とのつながりが皇子の滅亡事件の後も持続していた可能性が考えられる。書紀は荒籠が「密に使を奉遣して、具に大臣・大連等の迎へ奉る所以の本意を述べまうさしむ」と記すが、何を進言したのかはまったく明らかではない。書紀は続けて「よきかな、馬飼首。汝若し使を遣して来り告すこと無からましかば、殆に天下に嗤はれなまし。世の云はく、『貴賤を論ふこと勿れ。但其の心をのみ重みすべし』といふは、蓋し荒籠を謂ふか」と大王の応答を書き記している。書紀編者の作文なので事実として捉えるには問題を感じるが、この文章によると、ヲホトには即位に踏み切るには「貴賤」すなわち何らかの地位・身分上のわだかまりがあったかのように受け取れる節があるが、深読みすれば大草香皇子の後裔系譜ということがヲホトには引っかかったのではないだろうか。

しかしいずれにせよ、こうした伝記から荒籠・ヲホト王両者の関係にはすこぶる緊密なものがあり、その由来が大草香皇子の時期に遡るのではないかと推測されるのである。ちなみに筑紫の日向は古代に良馬

「日向の駒」（推古紀二十年正月条）を産出した地域として著名であるが、日向地方に馬飼の技術が入った時期とその契機については、やはり髪長媛の貢上と大草香皇子の日下宮経営・河内馬飼集団との接触が関わっている可能性が強いと思う。

さらに、三島の地は皇子の外戚に当たる諸縣君が瀬戸内海から河内の草香を目指してくる海上航路の通過点としても重要な地であったと考えられ、森田克行氏は『催馬楽』の「難波の海」にでる「筑紫津」や、当地に鎮座する筑紫津神社、高槻市津之江・五百住集落の地名などから重要なベイエリアの所在地であったということを指摘しており、河内潟の西側にも「桑津邑」（大阪市東住吉区桑津・摂津国豊島郡桑津郷）があって皇子の母髪長媛と所縁のある土地であったらしく、皇子の領地のひとつに太田茶臼山古墳の造営された太田村があったのではなかろうか。

『播磨国風土記』揖保郡太田里の条によると、「太田と称ふ所以は、昔、呉の勝、韓国より度り来て、始め、紀伊の国名草の郡の大田の村に到りき。其の後、分れ来て、摂津の国三嶋の賀美の郡の大田の村に移り到りき。其が又、揖保の郡の大田の村に遷り来けり。是は、本の紀伊の国の大田を以ちて名と為すなり」と伝えられ、紀伊国の大田村から三島の大田村へ移住してきた渡来人たちが何らかの理由から播磨国へ再度移住しなければならない事態が起きたことを記すのである。その理由とは大草香皇子の陵墓の造営による立ち退きであったとは考えられないであろうか。太田茶臼山古墳に西接する地点に式内太田神社が鎮座しており、当社は中臣太田連を祀官とするが、中臣氏が当地へ入る以前の出来事と考えられるので、墳丘の造営が渡来人たちの移転につながった事情を暗示していると思われるのである。

以上のようなことから、ヲホト大王の陵墓が三島の地に造営された主な理由としては、ヲホトの祖父が大罪を犯した人物であったため五世紀代の正規の王陵造営地であった古市・百舌鳥古墳群内には陵墓を造営できなかったこと、しかし大王の曽祖父大草香皇子の陵墓が三島に所在したので、その先例によって大王陵を近接地に造営し王統譜における系譜関係を後世に誇示しようとしたのではなかろうか。

太田茶臼山古墳の被葬者像に関してもこれまでに意富々等王やウシ王を想定する二、三の説が出されてきているが、前者は実在性の考えられない人物であり、後者は死没年代と古墳の造営年代が合わない点で賛成できず、筆者の想定は年代観から言っても整合性が高く、また五世紀中葉の同規模・同企画の前方後円墳には市野山古墳(藤井寺市・現允恭天皇陵)・墓山古墳(藤井寺市)があって大王陵に次ぐ性格の古墳であることから、三島の太田茶臼山古墳は大草香皇子陵であるとみて大過ないのではなかろうか。

## V　眉輪王とウシ王の陵墓

ヲホト大王陵と曽祖父大草香皇子の陵墓が摂津の三島に造営されたことが史実であるとすると、それでは大王の祖父と父の陵墓は一体どこに造られたのであろうか。祖父眉輪王に関しては謀反大罪を犯した人物であったので陵墓などは造営されなかっただろうと考えるのが普通であろうが、筆者としては、罪人であるとはいえ王統譜上に名を連ねる歴とした王族であったからには、しかるべき場所に何らかの形で王の身分に適合する陵墓が造られたのではないかと推測する。また、ウシ王に関してはすでに『上宮記』一云がその死没のことを「崩」と記述していた事実を指摘した。この表現からするとウシ王もまた近江国の三尾で死没した後に、畿内のいずれかの場所に丁重に葬られた蓋然性が高いと考えられるのである。

眉輪王は筆者の推測するところでは四六七年に例の暗殺事件を引き起こし、逃去した葛城円大使主の宅において自殺したと推定される。その最後の場面について『古事記』は、「故、刀を以ちて其の王子を刺し殺して、乃ち己が頸を切りて死にき」とあり、円大使主が佩用の刀で王を刺し殺し、次いで自分の首を斬って死んだと記している。もしここで事件が終結したのであれば、眉輪王の遺骸はそのまま残されていたことになるだろう。ところが書紀には少し違うことが記されているのである。

天皇、許したまはずして、火を縦けて宅を燔きたまふ。是に、大臣と、黒彦皇子と眉輪王と、倶に燔き死されぬ。時に坂合部連贄宿祢、皇子の屍を抱きて燔き死されぬ。其の舎人等、名を闕せり。焼けたるを収取めて、遂に骨を択ること難し。一棺に盛れて、新漢の槻本の南の丘に合せ葬る。

（『日本書紀』雄略即位前紀）

『古事記』の言説と異なる点は、①黒彦皇子が一緒に死んでいること、②彼らは自殺したのではなく宅内で燔死したとすること、③事件の後に舎人たちが焼け焦げた骨を収得し、見分けがつかないので一棺に盛りいれて埋葬したとすることである。

両書いずれの記述が史実を基にしているのかは不明としか言いようがないのだが、『古事記』は明らかに眉輪王の死後のことにはほとんど無関心であり、書紀は反対に遺骸のことや埋葬地などのことに言及している。書紀の記載を信用するならば、眉輪王の遺骸は焼け焦げて誰のものかも知れないものになっていた可能性が高く、一棺にいっしょくたにされた骨が合葬されたということになり、結果的には三人の焼け焦げた骨が一つの棺の中に収められて「新漢の槻本の南の丘」に埋葬されたということになるだろう。ところが、書紀の右の伝承にはなお検討を要する問題が含まれていると思う。

一つは、『古事記』の所伝との食い違いをどう考えればよいのかという点で、もし燔殺ということが虚偽であるならば、やはり王の遺骸は事件後に関係者の手にわたり、丁重に葬られたと推定されるのである。雄略天皇にはその政治的な対立者を厳しく罰したという事例が数多く伝えられているが、罪人を焼殺し燔殺したというはなはだ印象的な記事も三例あり(眉輪王事件・石川楯夫婦の処刑・星川皇子反乱事件)、ことさらに雄略の残虐性を際立てようとする意図が感じられる。そうであれば、事件直後に円大使主の宅は燔かれたにせよ、関係者らの遺骸についてはそれぞれが別個の墓に埋葬されたと想定することもできるのではあるまいか。

もう一つの問題は、書紀の記述をよく読むと、坂合部連贄が殉死したとする件は黒彦皇子のみに関係することで、眉輪王と円大使主のことは何も記されていないという点である。つまり「新漢の槻本の南の丘」に葬られたのは黒彦皇子とその従者の贄の骨だけであって、眉輪王らの埋葬のことはここには書かれていないと解すべきではないだろうか。「新漢の槻本」という地名は坂合黒彦皇子と坂合部連贄の名に共通する坂合(境)の地、すなわち畝傍山東南の桧隈坂合の地域のことで、黒彦皇子の宮の近傍の地であろう。

もし以上のように考えることが許されるならば、眉輪王の遺骸は事件後にいったん関係者の手にわたり、短い殯宮儀礼を済ませた後にいずれかの陵墓に埋葬されたと推測することができるだろう。問題はその陵墓であるが、眉輪王は大罪を犯した人物であったので通常の場合とはおよそ異なる手続きを踏まえ、王の母族などとはあまり所縁のない土地に埋葬された可能性があると考えられるのである。ちなみに眉輪王の母族とは王を殲滅した雄略天皇その人も入ると言うべきである。

遺憾ながら、王の生母である長田大郎女（名形大娘皇女）の御名の由来になった長田（名形）の地を特定する材料がなく、彼女の居所が判明しないので確かなことは言えないのであるが、眉輪王とウシ王の父子に関わる陵墓について筆者は書紀の記事を参照して飛鳥周辺地域において探索するのが学問的にも穏当な姿勢であると考え、ここに一案を提示してみたいと思う。すなわち橿原市鳥屋町に所在する方墳枡山古墳（倭彦命墓）とその北隣の鳥屋ミサンザイ古墳（宣化天皇陵）がそれぞれ眉輪王とウシ王の陵墓なのではないかと考えるのである。

まず枡山古墳は辺長九八メートル・高さ一七メートルを計測する列島最大規模の方墳で、その点からするとかなり高位の身分の人物を被葬者の候補とすることができる。ただし前方後円墳や前方後方墳あるいは帆立貝式古墳ではないという点については、本墳の被葬者が尊貴な身分であったにもかかわらず、彼の行状に何らかの政治的な問題があったために方墳という形式を採らざるを得なかった事情を示唆するものと考えることができるだろう。

ところで、周知のように枡山古墳には被葬者として倭彦命とする伝承が書紀に記されている。崇神天皇の子どもに倭彦命があり、命は垂仁二十八年十月に没したとし、翌月埋葬したとする。以下、その記事を掲げる。

倭彦命を身狭の桃花鳥坂に葬りまつる。是に、近習者を集へて、悉に生けながらにして陵の域に埋みて立つ。日を数て死なずして、昼に夜に泣ち吟ふ。遂に死りて爛ち臭りぬ。犬烏聚り噉む。天皇、此の泣ち吟ふ声を聞しめして、心に悲傷なりと有す。群卿に詔して曰はく、「夫れ生に愛みし所を以て、亡者に殉はしむるは、是甚だ傷なり。其れ古の風と雖も、良からずは何ぞ従はむ。今より以後、議りて殉はしむることを止めよ」とのたまふ。

倭彦命は実在の人物ではなかろう。崇神天皇が実在しないのだからその子どもが実在しないのは当然である。また、倭彦命などという皇子の御名も普通名詞であって造作の類に属する。内容は、倭彦命に殉じた近習者の死にざまが目も当てられない残酷・陰惨な状態であったので、遂に殉死の風俗を天皇が停止するように命じたというものである。垂仁天皇の御代に殉死を止めて埴輪を用いるようになったとする伝承（垂仁紀三十二年七月条）があるので、この伝記もそれに合わせて造作された作文とみられるものであるが、この伝記にはもともと原伝承があり、それを利用して殉死風俗の禁止を命じた話に書き換えたとみなすことができる。ではその原話とは何であろうか。それは眉輪王事件にまつわる殉死のことを記載した話なのではあるまいか。

右の記事をよく読んでみると、倭彦命を陵墓に埋葬した後に、「近習者を集へて、悉に生けながらにして陵の域に埋みて立つ」と記すように、この殉死が強制的に倭彦命の従者を集めて行われたこと、さらにあたかも懲罰のごとく生きながらにして埋め立つというやり方が採られていることが特徴になっており、ある種の刑罰として殉死が執行されたような印象を受けるのである。とりわけ土の中に生きたまま人を埋め立てるというやり方については、大長谷王子がその兄黒日子王を「穴を掘りて立てる随に埋みしかば、腰を埋む時に至りて、両つの目走り抜けて死にき」と記す『古事記』雄略段の記述が想起されるであろう。

推測するに、眉輪王にはそれなりに多数の従者がいたと考えられるが、事件後に雄略は報復行動を恐れてその従者たちを次々に捕え、王の埋葬儀礼が行われた後に見せしめとして陵墓の周囲に生きながら埋め立てるという刑罰を行わせたのではないだろうか。その悲惨な刑罰の話を利用し書き換えて、右の殉死にまつわる話が出来上がったのではないかと考えるのである。そうすると、この話の舞台となった「身狭の桃花鳥坂」陵こそが眉輪王その人の奥津城と考えられるのであり、それは枡山古墳なのではなかろうか。

正式な発掘調査がほとんど行われていないので枡山古墳に関する考古学上の情報はきわめて乏しい。そのために本墳を眉輪王陵とみなしてよいのかに一抹の不安が残る。第三章において筆者は眉輪王事件の起きた年次、つまり安康天皇の死没年を四六七年と考定した。もしこの年次が大過ないものとすると、枡山古墳はおそらくは同年ないしは翌四六八年頃に造営されたとみなすことが可能になる。これまでに採集されている埴輪は川西編年Ⅲ期のものとされ、「中期前葉」(森浩一氏説)・「五世紀初頭から前半にかけて」(白石太一郎氏説)の古墳とする評価が与えられているので、筆者の見立てとそれほど大きな齟齬を来しているとは考えられず、本墳の際立った特殊性を考慮に入れるならば、これを眉輪王陵に考定しても大過ないと思われるのである。

ところで、「身狭の桃花鳥坂」という地名に関してすぐ想起されるのは、大伴連の本拠地が「築坂邑」に設置されたとする所伝の存在である。文字は違うが桃花鳥坂と築坂とは同じ地名で、橿原市鳥屋町の見晴らしのよい台地端には式内の鳥坂神社が鎮座しており、大伴氏の遠祖(天押日命・道臣命)二座を祭神としている。後世この地に僧空海が益田池を造営したために古代地名がかなり移動変転している可能性が強く、橿原市見瀬町から南妙法寺町・鳥屋町付近一帯がツキサカ邑の故地であろうと想像する。

『日本書紀』神武二年二月条に、「天皇、功を定め賞を行ひたまふ。道臣命に宅地を賜ひて、築坂邑に居らしめたまひて、寵異みたまふ」とあり、王権の親衛軍となった大伴一族の大和における主要な本拠地が畝傍山南麓付近の築坂邑と定められたと伝えている。大伴一族の始まりは允恭朝から頭角を現した大伴室屋らしく、室屋には金村・談・御物らの子どもがおり、それぞれが大和・河内などの各地に根拠地を構え軍事部門で王権を守衛する役割を担ったようであるが、なかでも築坂邑は隣接する久米(来目)邑とともに軍事集団の本拠地になっており、大伴氏がこの地に入ったのはより古い来歴をもつ親衛軍久米集団を配下に組織し統率するためでもあったと推測することができる。

築坂邑は前著で考証したように允恭天皇の正宮とされた遠飛鳥藤原宮にも近く、さらに当地は三輪・磐余・飛鳥・葛城などの各地を結ぶ盆地南部地域の基幹交通路の路線上にあり、軍事的にきわめて重要な場所であった。允恭の子どもであった安康・雄略はその権勢を拡大するのにこの大伴の軍事力を最大限に活用し、おそらく眉輪王事件の際にも円大使主の宅を攻撃するのに活躍したと推測され、事件後雄略の命令により眉輪王の遺骸を回収しその本拠地の一角に王陵の造営地を設置するように指示されたのではなかろうか。通常の場合、高貴な人物の埋葬地はその人物の生まれ育った母族の本居に営まれる慣例があったと思われるが、眉輪王の場合には謀反を犯した大罪人となったことから、雄略の特別な政治的配慮の下に遺骸の確保と造陵が計画されたと考えられるのである。

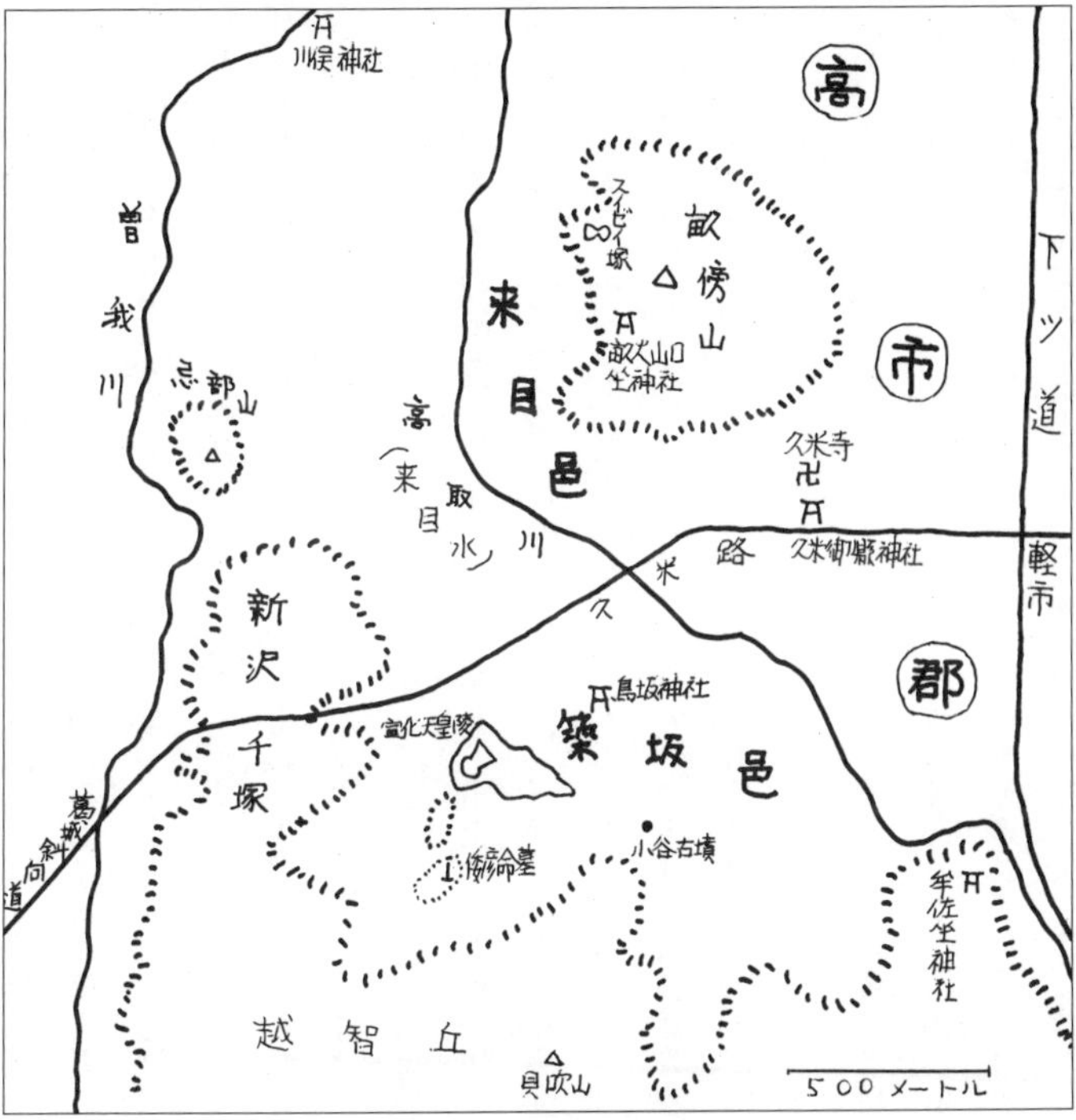


**図4　来目邑と築坂邑**

来目邑は書紀の伝承に記すように畝傍山の西麓で高取川の流域付近が故地とみられ、築坂邑は鳥坂神社を中心とする上図のような位置関係にあったと推定される。奈良時代頃にはこの地域は高市郡久米郷に編入された模様で、久米の地名も畝傍山東南麓方面にまで広がってそちらが中心のようになり、久米御県神社も本来の所在地から移動している可能性が高い。

次に、眉輪王の子ウシ王については生年を四六一年の丑年に、没年は不明であるがヲホト王誕生後数年以内であったとすると、四八〇年代の後半頃とみることができる。この頃には雄略天皇の治世も末年頃で眉輪王事件の余韻もようやく薄れた時期になっており、また近江の息長氏の監視と拘束を脱して三尾の高嶋宮に本居を移し身分上の復権を果たしていたとみられるので、ウシ王は死没に際して王族としての葬送儀礼を行われ、その遺骸については三尾の近辺の古墳に埋葬されたとする考え方もあるとしなければならないが、筆者は大和の築坂邑にある父眉輪王の陵墓に近接する鳥屋ミサンザイ古墳に葬られたと推定する。

本墳は周知のように全長一三八メートルを計測する北向きの前方後円墳で、周囲に盾形の周濠を持ち、二段築成でくびれ部両側に造り出しを有する。出土埴輪の年代観から造営年代としては「古墳時代後期前葉から中葉にかかる」(森浩一氏説)、あるいは「五世紀後半」(橿原考古学研究所編『大和前方後円墳集成』)との評価があり、「六世紀前半に下る」(白石太一郎氏説)という見方もあるが、宣化天皇陵とする現在の治定はまず誤りであるとしなければならない。つまり本墳の被葬者像についてはウシ王としてもおかしくない状況にあるとしてよく、古墳の造営そのものはヲホト大王が即位してから父王を顕彰して行われたとみてもよいと思う。

なお、枡山古墳と鳥屋ニサンザイ古墳に隣接する丘陵地帯には新沢千塚古墳群が営まれており、とくに後者は千塚の盟主墳と把握される場合が多いのであるが、枡山古墳とニサンザイ古墳は千塚とは谷をひとつ隔てた場所にあり千塚の群集する区域とはやや離れていることと、両古墳の造営に関しこれまでに述べてきた特殊な事情を勘案すると、千塚との関係性に余りこだわる必要がなく、その被葬者集団とは区別して捉える視点が重要なのではないかと考えている。

さて、前に指摘しておいたように、『上宮記』一云にはウシ王の死没のことを「崩」と表現しているのであり、王統譜上も「崩」と記されてもおかしくない身分と立場にあった人物であるとしなければならない。ウシ王死没の報はすぐに大伴大連金村にも届いただろうと推測する。ウシ王の死没は雄略天皇の晩年に重なる微妙な時期に当たるようであるが、金村は王の父眉輪王の陵墓のすぐ傍らの地に王陵を造営する許可を雄略に求め、それはおそらく認められたものと考えられる。後に金村がヲホト王を越前に迎え、即位を要請する大役を果たしたとする伝承があるのは、眉輪王以来の大伴氏とヲホト王家との右に述べたような深い関係があったことを考慮に入れるべきだろうと思われるのである。

最後にこれまでの所論に基づき、筆者が想定するヲホト大王の四世にわたる先祖の陵墓を試案としてまとめておくことにする。始祖帝王ホムツワケの陵墓に関しては前著『倭の五王と二つの王家』において詳しく検討しておいたので参照をお願いしたい。

| | | |
|---|---|---|
| ホムツワケ王陵 | 百舌鳥ニサンザイ古墳 | （大阪府堺市堺区石津丘） |
| 大草香皇子陵 | 太田茶臼山古墳 | （大阪府茨木市太田） |
| 眉輪（ヲヒ）王陵 | 枡山古墳 | （奈良県橿原市鳥屋町） |
| ウシ王陵 | 鳥屋ニサンザイ古墳 | （奈良県橿原市鳥屋町） |
| ヲホト大王陵 | 今城塚古墳 | （大阪府高槻市郡家新町） |

# 第六章　クメとオホトモ

## Ⅰ　大伴大連金村の伝承

『日本書紀』継体即位前紀は、武烈天皇没後に日継断絶の事態が起きたことを記し、

大伴金村大連議りて曰はく、「方に今絶えて継嗣無し。天下、何の所にか心を繋けむ。古より今に迄るまでに、禍斯に由りて起る。今足仲彦天皇の五世の孫倭彦王、丹波国の桑田郡に在す。請ふ、試に兵仗を設けて、乗輿を挟み衛りて、就きて迎へ奉りて、立てて人主としまつらむ」といふ。大臣・大連等、一に皆随ひて、迎へ奉ること、計の如し。

とあり、ヲホト王擁立以前に丹波国にいた倭彦王なる人物を担ぎ出す計画があったことを伝えている。倭彦王の実在性には疑問があり、右の文章はヲホト王擁立の理由を明らかにするための造作の疑いが濃厚なものとみられるが、日継の問題を朝廷の中核となって解決しようとしていたのが大伴金村大連とされているること、金村の提議を他の大臣・大連等も承認したと記されている点に注意すべきである。この後、倭彦王は迎えの隊列を見て恐れをなして逃げ出し行方知れずとなったので、越前在住のヲホト王に白羽の矢が立てられたとするのである。

周知のように大伴氏は軍事氏族として知られた名族であり、允恭・雄略朝以来政権の中枢にあって国事を左右してきた勢力であるが、連姓の氏族は本来王室の家政を分担する従属性のきわめて強い性格を帯びた氏族であるにもかかわらず、なぜ大伴氏が王位継承問題においてこれほどまでの発言権を発揮することができたのかについては、何らかの核となる理由・要因が存在したに違いない。単に当時朝廷内で強大な権勢を掌握していたというだけでは、継嗣のことを提議するなどという重大な行為にはつながらなかったと考えられるからである。

ところで、福井県坂井市丸岡町の東南部、九頭竜川右岸に上久米田・下久米田という名の集落があり、両者のちょうど中間付近の山腹に延喜式内社の久米多神社が鎮座している。背後の山頂付近には三国君一族の祖先を被葬者とすると考えられる六呂瀬山古墳群が造営されており、目を南に向ければ吉田郡松岡町市街地の背後に聳える山上にも北陸地方でも有数の規模を誇る手繰ヶ城山古墳・二本松山古墳を中心とする松岡古墳群を見通すことができ、付近一帯の平野部は古来より三国君の本拠地であったことが窺われるのである。久米多神社の祭神は大伴金村とされているが、なぜ越前の当地に大伴金村と久米にまつわる伝承が遺されているのかが少々不思議であると言わざるを得ない。

ここから西方二キロほどの丸岡町高田には同じく延喜式内社の高向神社が所在する。ここはヲホト王が若くして母フリヒメとともに暮らした「高向邑（多加牟久村）」の故地であると伝える場所であり、すでに述べておいたように、書紀によれば大伴大連金村の提議によりヲホト王は当地より迎えられて王位に就いたと記されているのである。金村自身が直接越前に乗り込んだというようなことはどこにも書かれていないが、オホトモとクメにまつわる一対の所伝が現地に脈々と伝えられてきたのには、それなりの歴史的背景を帯びた理由があってのことに相違ないのである。

## Ⅱ　王統譜の創始

ヤマト王権は四世紀後半から五世紀初頭の時期に、それまでの世襲制に基礎を置かない女王制（女王の国）から世襲制を原則とする男王制に転換したと推測できる。その詳しい経緯や実相は前著に論じているのでここで繰り返すことはしないが、世襲王制の創始を協議し共同で企画した勢力はクメ・ワニ・カツラギという当時大和に本拠地を置いていた三つの優勢な政治集団であったと想定することができるという点については、すでに述べた通りである。

これらの勢力のうちクメは四世紀以前の初期ヤマト王権を構成した軍事集団の基軸をなす勢力であったらしく、歴代女王の親衛軍として女王制を庇護する役割を果たしたものと推測できる。最後の女王サホヒメの時にヤマト王権は男王による世襲王制に移行する決意を固めるが、女王との婚儀を成した人物こそがクメノイサチを名乗る首長であった。

クメノイサチはクメ集団を統率する部族長であるとともに親衛軍の司令官であり、同時に政権の高官をも兼務する大立者であったと推測する。そのような人物が女王の婿に選ばれ男子の出生が待望されたのである。第四章でも述べたように女王サホヒメの宮室は来目高宮であったらしく、それはクメノイサチの本拠地に設けられた女王宮で、成婚後に生まれた最初の男子ホムツワケ王と王弟ミズハワケ王はいずれもこの宮で養育を受け成長したと考えてよい。

クメの本拠地について『日本書紀』神武二年二月条には、

天皇、功を定め賞を行ひたまふ。道臣命に宅地を賜ひて、築坂邑に居らしめたまひて、寵異みたまふ。

亦大来目をして畝傍山の西の川辺の地に居らしめたまふ。今来目邑と号くるは、此、其の縁なり。

と伝えており、天皇の東征に従った功績により大伴氏の遠祖道臣命とともに畝傍山西麓の（来目水・高取）川辺に居を構えることを許されたとしている。天皇から住むべき土地を賜ったとするのは書紀に特有の王土思想による造作で、おそらく当地はクメ集団の古来よりの本拠地であったと考えてよく、クメノイサチは自分の本拠地に女王サホヒメの「来目高宮」を造営し、この地で始祖帝王兄弟を養育・成長させたとみられるのである。

クメについては『古事記』神武段に次のような象徴的な伝承がある。すなわち、東征する神武天皇がついに大和の宇陀まで進出した時に、兄宇迦斯・弟宇迦斯の兄弟のうち兄の方が反逆したため、天皇は大伴連等の祖道臣命と久米直等の祖大久米命の二人に命じて兄宇迦斯を殲滅させたとする。さらに、忍坂に進軍すると今度は土雲の八十建が反抗したので、これに対抗する八十膳夫に命じて「歌を聞かば、一時共に斬れ」と言い含め、次に引用する久米歌に土雲の討滅の様子が鮮やかに歌い込まれている。

忍坂の　大室屋に　人多に　来入り居り　人多に　入り居りとも　みつみつし　久米の子が　頭椎
石椎もち　撃ちてし止まむ　みつみつし　久米の子等が　頭椎　石椎もち　今撃たば良らし

神武軍の中核を成した「久米の子等」と呼ばれた勢力は、大勢の膳夫となって敵を饗応し、合図一下に隠し持っていた頭椎の大刀を抜いて敵を殲滅する軍事集団に早変わりした。彼らは同じく神武天皇に反抗した登美毘古をも撃滅したと伝え、初期ヤマト王権の軍事機構の基軸を成す勢力であったことを窺わせている。「久米の子等」を統率したのが大久米命であり、これはクメ集団の代々の族長の尊称であったと考えられる。

神武天皇は大和を平定し終わると次に后妃を求めたとされる。その時にも活躍したのが大久米命であった。この件に関する命の事績をまとめると次のような特徴があると考えられる。

第一に、大久米命は天皇のために「七媛女」つまり多数の美人を検閲したが、その中でイスケヨリヒメを后妃に選定した。命の目は「黥ける利目」という表現がされているように、后妃にふさわしい女性を鋭く見抜く霊力に長けていた。これは女王制の時期のクメの族長の政治的役割が何であったかを暗示するものと言えるだろう。

第二に、イスケヨリヒメは「神の御子」すなわち神が人間に生ませた尊貴な女性であるとしているのだが、その神とは美和(三輪)の大物主神と伝えられている。三輪山の根源神(オホアナムチ)は女王制を加護した神霊で、歴代の女王はいずれも三輪神の妻としての「卑弥呼」であった。大久米命が三輪の神霊と神妻たる女王との間を取り持つ重要な職能を果たしていたことが神武にまつわる伝説を造作させた要因になっているのではなかろうか。

すなわち、大久米命とその配下のクメ集団は邪馬台国以来の初期ヤマト王権を軍事的に守衛する中核の勢力であったと同時に、神妻たる歴代女王を選抜しそれを擁護する役割を果たしていたのではなかろうか。

こうした権能はクメだけではなく、おそらく盆地東北部一帯を支配していたワニ集団と、さらには盆地西南部に蟠踞していたカツラギ集団も参与していたに相違ない。このほかにも鳥見山麓周辺に割拠していたトミ(ナガスネヒコ)集団もそうした勢力のひとつであったと推定されるが、女王制の存続をめぐる紛争の中で早い時期に没落した模様なので、右の三者が初期ヤマト王権の中軸を成す勢力であったと考えられ、彼らが邪馬台国を構成した主要な政治勢力であったと推考されるのである。そして、王権が四世紀後半に男王制に移行しようとした当時、クメノイサチなる人物が政界の大立者として君臨していたため、彼が女王サホヒメの婿に選抜され始祖帝王ホムツワケ・ミズハワケ両王を儲け、王権の開祖となったという経緯を想定できると思うのである。

すでにこれまでにも明らかにしてきたように、倭の五王時代の王統譜はA系譜とB系譜の二つに分かれていた。女王サホヒメとクメノイサチとの間に生まれたホムツワケ・ミズハワケ両王はA系譜の始祖であり、一方B系譜の開祖となったサホヒコ王と葛城ソツヒコの妹イワノヒメとの間にはヲアサヅマワクゴスクネ王が誕生している。サホヒメとサホヒコの妹兄はワニ集団の推挙を得て担ぎ出された人物であったと推定できるので、クメ・ワニ・カツラギの協議と共同企画による王統・王家の創始が実行されたことがわかり、これらの勢力は以後単なる王家の外戚としての地位を確立しただけではなく、王統そのものを擁護し維持する不文律の権能と発言権とを確保し、王位の継承問題に参与する権限を得ていたことが推定されるのである。

ただし、ひとたび王家が成立すると、王族自体が積極的に自己の利害関係を有利に運ぼうとして自立した動きを行うようになり、とりわけ王位と権力に執着してさまざまな独自行動をとるようになる。このことが予期せぬ紛争や権力闘争の火種となり、とくにA系譜・B系譜という対等でない二つの王統が成立し、さらに三つの王家が分立するという状態が現出したために、複雑な権力闘争が巻き起こり、これにさまざまな勢力が結びついて謀略・暗殺・反乱というような忌まわしい事件が次々に発生することになった。

とくにカツラギ一族はA系譜・B系譜双方の王家の外戚となり、王族の権力闘争に巻き込まれる形で権勢を急速に凋落させてしまい、王統の護持という権能をいち早く喪失してしまったらしい。その原因は玉田宿祢とヲアサヅマワクゴスクネ王（允恭天皇）との確執から始まった模様で、吉備一族とりわけ窪屋臣との婚姻同盟を進め、吉備勢力の中央政界への進出を許し紛争を激化させたために滅ぼされてしまい、すでに述べておいたように雄略朝には玉田宿祢の子円大使主の滅亡が一族の没落を決定的にしたようである。

一方、ワニ氏はこれとはまったく違う姿勢を取り続けたらしく、岸俊男氏の指摘にもあるように、王妃を次々に宮廷に供給し入内させる関係を持続し、特定の王家・王族に加担して権力闘争に巻き込まれる危険を回避し、王統護持の姿勢を最後まで貫いたようである。雄略朝以後欽明朝頃までの王権の混乱期には大伴・物部両氏と並んで重要な役割を果たしたとみられる。

問題となるクメ一族については、クメノイサチがA系譜の開祖となった関係からA系譜の王族に強い親近感を持ったようであるが、允恭朝に允恭天皇が独自に開拓し組織した親衛軍の統領大伴室屋が台頭するようになると、クメ一族は大伴氏からさまざまな圧迫を受け、雄略朝には大伴氏の配下に従属させられて往年の権勢を失ったもののようである。大伴氏はその頃から王統護持の権能を発揮するようになるが、それは単に王権からの権能の委託というような形式的な形での権限の獲得ではなく、クメ集団との何らかの関係に由来する可能性があると考えられるので、次にはそのことを検討してみることにしよう。

## Ⅲ　大伴家持の歌

『万葉集』巻十八—四〇九四は著名な大伴家持の「陸奥国より金を出せる詔書を賀く歌」と題する長歌で、天平勝宝元年四月朔に聖武天皇が東大寺に行幸した際に発した宣命に、当時国守として越中の地に赴任していた家持が慶賀の念をこめて応えたものである。かなり長編の歌なのでここでは史料的に関係のある後半部分を引用してみよう。

此をしも　あやに貴み　嬉しけく　いよよ思ひて　大伴の　遠つ神祖の　その名をば　大来目主と負ひ持ちて　仕へし官　海行かば　水浸く屍　山行かば　草生す屍　大君の　辺にこそ死なめ　顧みは　せじと言立て　大夫の　清きその名を　古よ　今の現に　流さへる　祖の子等そ　大伴と　佐伯の氏は　人の祖の　立つる言立　人の子は　祖の名絶たず　大君に　奉仕ふものと　言ひ継げる　言の職ぞ　梓弓　手に取り持ちて　剣大刀　腰に取り佩き　朝守り　夕の守りに　大君の　御門の守護　われをおきて　人はあらじと　弥立て　思ひし増る　大君の　御言の幸の　聞けば貴み

試みに右の歌を現代語訳すると次のようになろう。

そのことをたいそう尊く嬉しく思って、大伴の遠い祖先が、その名を大来目主と負い持って天皇に仕えた役割は、「海を行けば水に浸かる屍となり、山を行けば草の生える屍となって、大君の傍にて死ぬ覚悟で、後ろを顧みることはしない」と誓いを立て、大夫としての清き名を昔より今に伝えてきた、そのような祖先の後裔なのである、我ら大伴と佐伯の一門は。祖先の立てた誓いとは、「子孫たる者は、祖先の名を絶やすことなく、大君に奉えるものである」と言い伝えてきた職なのだから、梓弓を手に持ち、剣大刀を腰に佩き、朝夕に朝廷の御門を守護するものは、我らを措いてほかには無いと、いよいよ心を奮い立たせ、想いは増さるばかりだ。大君の詔の幸いを聞くにつけ、その尊さには。

この歌の中には一か所だけ直ちに明快な説明のつかない不可解な部分がある。それは「大伴の　遠つ神祖の　その名をば　大来目主と　負ひ持ちて　仕へし官」とある部分である。大伴氏の祖先系譜には「大来目」あるいは「大来目主」と称する祖先は見当たらないのであって、大来目主とは先ほど指摘しておいた大久米命、すなわちクメ集団の代々の族長を象徴する尊称であり、もし具体的に実在の人物を特定するとするならば、始祖帝王を生み成すことに尽力した王権の開祖たるクメノイサチの名を特に挙げることができるだろう。そうすると、家持が自己の祖先以来の一貫した家職として自認し強調している職掌は、大伴氏とは歴史的出自や由来の異なる「大来目主」の「名を負ふ」「官」であったということになる。一体これは何を意味するもので、また大伴氏はどういう経緯と由来とにおいて、このような言辞を大っぴらに発することができたのであろうか。

類似の内容を示す家持の歌は他にもある。『万葉集』巻二十―四四六五番の長歌がそれである。この歌の題詩は「族に諭す歌」となっており、周知のように天平勝宝八歳五月に朝廷を誹謗し人臣の礼を乱したとされた罪で大伴宿祢古慈斐と淡海真人三船の二人が拘禁された事件に際し、家持が同族の人心を抑えようとして作ったものとみられる。

ひさかたの　天の戸開き　高千穂の　嶽に天降りし　皇祖の　神の御代より　梔弓を　手握り持たし　真鹿児矢を　手挟み添へて　大久米の　大夫健男を　先に立て　靫取り負せ　山川を　磐根さくみて　踏みとほり　国　覓しつつ　ちはやぶる　神を言向け　服従へぬ　人をも和し　掃き清め　仕へ奉りて　秋津島　大和の国の　橿原の　畝傍の宮に　宮柱　太知り立てて　天の下　知らしめしける　皇祖の　天の日嗣と　継ぎて来る　君の御代御代　隠さはぬ　赤き心を　皇辺に　極め盡して　仕へ来る　祖の職と　言立てて　授け給へる　子孫の　いや継ぎ継ぎに　見る人の　語りつぎてて　聞く人の　鏡にせむを　あたらしき　清きその名そ　おぼろかに　心思ひて　虚言も　祖の名断つな　大伴の　氏と名に負へる　大夫の伴

例によって右の歌に現代語訳を施してみよう。

高千穂の嶽に天降りされた皇祖の時代から、聖なる弓矢を身に帯び、久米部の勇士らを先駆として靫を背負わせ、山川国土を踏み通って、荒ぶる国つ神たちや服属を肯んじない人々をも、言向け和して掃き清め、橿原の畝傍宮に天下をお治めになった天皇の日継として、代代の皇孫の側に誠心をもってお仕え尽くしてきた祖先伝来の職務であるぞと、わざわざ言葉に表して授けられた名である。子孫の我らは将来の幾世にわたり、見る人・聞く人の語り草・鏡鑑にしようと決意した清らかな名であり、おろそかにしてかりそめにも祖先の名を絶つようなことがあってはならない。大伴の氏と名を負う大夫どもよ。

家持は神代の皇祖に仕え始めた大伴の氏の由来を回想し、現在と将来とにわたって皇祖から授けられた大伴に固有の職務と名とを決して辱め絶えさせてはならないと同族の輩に呼びかけている。大伴氏のそのような歴史の中で、「大久米の　大夫健男を　先に立て　靫取り負せ」と読んでいる部分は、大伴の氏がその配下に靫部たるクメの軍団を統率していた事実を読み込んだもので、クメを率いて地方を平定したことが大伴氏の栄えある功業とされており、そのことがなぜ大伴氏の歴史にとって重大な性質を持つことであったのかは明らかではない。

てっとり早く大伴氏の起源は久米氏であったのだとする同族論があるが、史料的にそうしたことを窺わせる確実な証拠がなく、両者はもともと無関係な勢力で、クメはおそらく大和在住の邪馬台国以来の古い部族集団、オホトモは筆者のみるところでは紀ノ川下流域に起源を有する部族のひとつであったと推定できる。

そうしたことからすると、右の疑問に対する答えはすでに自ずから明らかなのではなかろうか。つまり、初期ヤマト王権の時代に女王を選定・擁立し、また女王制を護持してきた実績を有するクメ、さらには男王の世襲王制に移行する上で重要な役割を果たしたクメの権能を、オホトモがクメからそっくり引き継ぎ、それを核として自分たちの王権への奉仕を主な任務として自認していることを象徴させる意味で、家持は「大来目主と　負ひ持ちて　仕へし官」と歌いあげたものと考えられるのである。では、そのような権能の引き継ぎはどのようにして行われたのであろうか。

## Ⅳ　クメとオホトモの歴史的関係

『古事記』と『日本書紀』とでは両者の関係性に雲泥の差がある。まず『古事記』神代巻の天孫降臨の場面を記したところでは、

故爾に天忍日命、天津久米命の二人、天の石靫を取り負ひ、頭椎の大刀を取り佩き、天の波士弓を取り持ち、天の真鹿児矢を手挟み、御前に立ちて仕へ奉りき。故、其の天忍日命、此は大伴連等の祖。天津久米命、此は久米直等の祖。

天孫への前衛としての奉仕について、大伴と久米の天孫への奉仕は対等であるように記されている。記載順から言うと大伴が久米より重視されていること、大伴の帯びる姓が連で久米の直姓よりは地位が上であることを看過できないが、両者の間には従属関係が窺えないことが重要であろう。すなわち、天武天皇は大伴と久米の歴代天皇への奉仕はあくまでも対等で並列的な性格のものであるべきだとする思想の下にこれを書かせたと考えるべきである。

次に神武東征伝承における記述を参照してみよう。

爾に大伴連等の祖、道臣命、久米直等の祖、大久米命の二人、兄宇迦斯を召びて、罵詈りて云ひけらく、

ここでも先の記述と同じく大伴を前に久米を後ろに記載し、連・直の姓を強調する点も同様であるが、天皇への奉仕ということでは両者は等しく、あくまでも対等・並列の関係であることを示している。天武

朝において大伴氏と久米氏との地位・勢力には隔絶したものがあり、久米直氏は八色の姓を賜った形跡がなく、しかも当時においてすでに久米氏は二流以下の勢力に凋落していたとおぼしく、軍事的な職掌の面でも氏人が朝廷の中枢で活躍した形跡がないのである。にもかかわらず、天武天皇が『古事記』の神代巻や神武東征の段などにおいてクメ集団及びその族長たる大久米命の枢要な働きと軍事的な役割を特筆させているのは、往古におけるこの氏族の歴史や地位を記し留めておく必要性を痛感していたからであろう。その要因として考えられるのは、やはりクメがヤマト王権の創始、とりわけ世襲男王制の形成に当たって果たした歴史的な役割であろう。

それに対し、『日本書紀』は大伴氏の古くからの活躍ぶりを前面に押し出し数多くの伝記を掲載している。その原因は、書紀編纂部局が大伴氏が提出した家伝をかなり重視していたことと、大伴氏が孝徳朝新政から壬申の乱を経て天武・持統朝にかけての時期に中央政界で重要な政治的地位を占めたからであろう。

大伴氏の祖先伝承にはこの氏族の成立由来を成す武職によって王権に仕えたことを示す記事が多い。神代から継体朝までの伝記を拾ってみると、次のようになる。

一　天孫降臨にさまざまの兵器で武装して随従した大伴連の遠祖天忍日命。
二　神武天皇の東征に大活躍した大伴氏の遠祖日臣命（一名道臣命）。
三　日本武尊の東国遠征に随従した大伴武日連。甲斐酒折宮で靫部を賜る。
四　雄略天皇の命令により大伴大連室屋は来目部を率いて百済の池津媛・石川楯夫婦を処刑する。
五　雄略朝の新羅征討戦で大伴室屋の子談と同族の津麻呂が戦死する。

六　雄略天皇没後に起きた吉備稚媛と星川皇子母子の反乱を大伴大連室屋が鎮圧する。
七　武烈朝に大伴連金村は国政を専断した平群真鳥大臣を滅ぼす。
八　武烈天皇の命令により大伴大連室屋は水派邑に城の像を作る。

これらの伝記のうち一と二に関連する部分の文章を引用してみよう。

時に、大伴連の遠祖天忍日命、来目部の遠祖天槵津大来目を帥ゐて、背には天磐靫を負ひ、臂には稜威の高鞆を著き、手には天梔弓・天羽羽矢を促り、八目鳴鏑を副持へ、又頭槌剣を帯きて、天孫の前に立ちて、遊行き降来りて、・・・・・

是の時に、大伴氏の遠祖日臣命、大来目を帥ゐて、元戎に督将として、山を踏み啓け行きて、乃ち烏の向ひの尋に、仰ぎ視て追ふ。

乃ち顧に道臣命に勅すらく、「汝、大来目部を帥ゐて、大室を忍坂邑に作りて、盛に宴饗を設けて、虜を誘りて取れ」とのたまふ。

右のそれぞれの文章から、大伴氏が一貫して大来目・大来目部を統率して天皇に奉仕してきた由来を述べようとしていることがわかる。先ほど引用した『万葉集』の家持の歌と同じ歴史把握が行われており、大伴と久米とは対等・並立の関係にはなく、すでに神代から確固とした支配・統属の関係にあったことが記されているのである。

『古事記』の記載は両者の関係の性質について王権・天皇の下での並列的・対等的な奉仕関係を強調しようとしているのに対し、『日本書紀』は大伴連―久米直―久米部という支配・統属関係に基づく奉仕を前面に押し出していることが理解される。いずれも根本的には両者の歴史的な関係性がまったく捨象され無視されており、クメは五世紀前半以前の時期に全盛期を置くことができ、またオホトモは五世紀中葉の允恭朝以後に突如として頭角を現した勢力で、オホトモが完全にクメを配下に従属させたのは雄略朝であろうと推測することができる。書紀に描かれているような関係が形成されたのは允恭朝から雄略朝にかけての時期であり、允恭天皇が独自の親衛軍の組織を求めたことが大伴室屋の急速な登用につながったと考えられるのである。

右の記事の四の事項をみると、大伴室屋大連は雄略天皇の命令を受け来目部をして石川楯夫婦を処刑させている。これは大伴氏がその族長を含むクメ集団全体を朝廷の軍事警察機構の統属下に収めていたことを示唆するものであり、また五の伝記では対新羅戦で大伴連談とともに紀岡前来目連なる人物も同時同地に戦死したとする。来目が人名ではないとすると、この人物は紀伊国名草郡の岡崎（和歌山市岡崎）を本拠地とした来目連とみることができ、大伴氏と久米氏との間には婚姻関係を通じて連姓を称する枝氏が分立していた可能性があり、室屋の妻の一人すなわち談の母は久米氏出身であったかも知れない。大伴氏は古来の名族であった久米氏の族長の娘との婚儀を通じて血縁関係を結び、クメ集団を率いる名分を得るとともにクメの伝統をも受け継ぎ、先ほど指摘した家持が「その名をば　大来目主と　負ひ持ちて　仕へし官」と歌っているように、自氏族の家職をクメ一族から引き継いだものと公言することができたと考えられるのである。

興味深いのは、すでに外地で戦没していたはずの城丘前来目(闕名)が星川皇子の乱では大伴室屋に反逆して燔殺されたとも伝えられているのだが、両者が同一人であるとすると、このような伝承が生まれた背景には大伴の支配下に甘んじることをよしとしないクメがなお存在していた事実があり、急成長した大伴氏の勢威に対するクメの反発がこのような形で現れたものとも受け取れるであろう。

大伴氏にとって雄略朝が重要な画期となったことは、次の史料からも窺うことができる。

大伴宿祢

高皇産霊尊の五世孫、天押日命の後なり。初め天孫彦火瓊々杵尊、神駕之降まししときに、天押日命、大来目部、御前に立ちて、日向の高千穂峯に降りましき。然後、大来目部を以て、天靫部と為しき。靫負の号此より起れり。雄略天皇の御世に、入部の靫負を以て大連公に賜いしに、奏曰さく、衛門開闔の務は、職として已に重し。若し一身なりせば堪え難からむ。望むらくは、愚児の談と與に、相伴に左右を衛り奉らむと。勅して奏すが依にせしめたまう。是れ大伴・佐伯の二氏の、衛門開闔を掌る縁なり。

(『新撰姓氏録』左京神別中)

天孫降臨に際して天押日命が大来目部と並んで供奉したこと、その後大来目部は靫部に編成替えされたこと、その靫部は雄略朝に大伴大連公(室屋)の配下に属したこと、大伴の職務たる衛門開闔は重職なので、室屋とその子談とが二人相並んで務めることが許されたこと、これは大伴と佐伯の両氏の職掌の由来であるということなどが簡潔に記されている。

この文章は内容的に前段と後段との間に大きな断層があるように思われるのであるが、両者を結び付けているのが靫部である。前段では神代における功績により大来目部が靫部の主力となったこと、後段では雄略朝においてその靫部を大伴大連公に賜ったことが記されており、大伴氏の衛門の職務は大来目部を編成替えした靫部を統率することによって行われるようになったとしており、ここにもクメを支配・統属する大伴氏の姿が描かれているのである。衛門の職務は令制期の大伴氏を象徴する名負の任務だったために特筆されているのであり、実際には靫部の機構の一部とされたクメ集団は大伴大連の一族の全面的な統制下に置かれたとみてよいと思う。しかも最初にその靫部を分属支配したのが大連公室屋とその子談であると伝えられているのである。

前に引用した『日本書紀』の神武二年二月条には大伴氏の遠祖道臣命に築坂邑を賜ったとする所伝がみえている。築坂邑は第五章で指摘したように畝傍山南麓地域にあった大伴氏の本拠地で、ここは畝傍山西麓の来目邑に隣接する場所に当たる。築坂邑への大伴氏の定着はおそらくは允恭朝の室屋の時期と想定することができ、允恭天皇はA系譜の王統への牽制策として大伴一族の大和における拠点をこの地に置き、クメ集団に圧力をかけやがてはこれを統制・支配させようとしたのであろう。その政策の一環としてオホトモとクメとの族長同士の婚儀が行われたということも全くの想像とは言えないであろう。

実のところ、これと同様の現象は蘇我氏や藤原氏にもみられることは周知のところである。まず蘇我氏については、その出自がまだ十分に究明されたとは言えない状況にあるが、宣化・欽明朝以後蘇我稲目が大臣に任じられた事実の背景には、往年の葛城氏との深い関係があることが想定されており、推古天皇に対して蘇我馬子が「葛城県は、元臣が本居なり。故、其の県に因りて姓名を為せり」と主張したこと（推古紀三十二年十月条）、さらに『上宮聖徳法王帝説』に太子建立七寺のうち葛木寺を「（蘇我）葛木臣」に賜ったと伝えているのは、蘇我氏が五世紀の雄族たる葛城氏からの血脈を受け継いだ氏族であることを自他ともに認めていたことを示すもので、おそらく稲目の妻すなわち馬子の母族が葛城氏であったことが天皇家の外戚・朝廷の重臣として取り立てられた要因になっているものと思われる。

新興の氏族である藤原氏の場合も、同じように奈良時代以後皇室の蕃塀としての地位を樹立した背景の一端を調べてみると、不比等の時に蘇我石川大臣家（蘇我連子）の娘娼子を娶り、武智麻呂・房前・宇合を儲けており、かつての大族蘇我氏の血脈を自氏族の中に取り込もうと策したことが看取できる。このように前代に権勢を誇った氏族との婚姻関係の形成が重視されていたことは、大伴氏の場合にもあてはめて考えることができるであろう。

引き続いて次には行政権者としての大伴氏の活動を窺うことにしたい。同じく書紀から関係する事項を拾い出してみることにする。

一　神武天皇の命により、道臣命は丹生の川上において顕斎の祭儀に奉仕する。

二　大伴武以連は仲哀天皇の无火殯斂を他の大夫とともに執行する。
三　允恭天皇の命令により、大伴連室屋が衣通郎女のために藤原部を設置する。
四　雄略天皇の即位直後に、大伴室屋が大連に任じられる。
五　雄略天皇の詔により、大伴大連室屋は東漢直掬に命じて、渡来人を飛鳥地方に安置させる。
六　大伴大連室屋は海外遠征に向かう紀小弓宿祢のために、吉備上道采女大海を随行させるべく雄略天皇に取りなす。
七　大伴大連室屋は遠征先で没した小弓宿祢の墓の決定を雄略天皇に上奏する。
八　雄略天皇は大伴大連室屋と東漢直掬とに遺詔して後事を託す。
九　大伴大連室屋は廷臣を率いて璽を皇太子の白髪皇子に奉る。
十　大伴大連室屋は清寧天皇から引き続き大連に任命される。
十一　清寧朝に大伴大連室屋は諸国に白髪部舎人・膳夫・靫負を設置する。
十二　武烈天皇は大伴金村連を大連に任命する。
十三　大伴金村大連は越前にいた継体天皇を擁立する。
十四　大伴大連金村は継体天皇から大連に任命される。
十五　大伴大連金村は百済が要求した任那四県の割譲を受け容れる。
十六　大伴大連金村は筑紫君磐井の反乱を鎮める将軍に物部麁鹿火を推挙する。
みられる通り、大伴氏は軍事的な職務以外にも国政のさまざまな部面で大きな役割を果たし、天皇の命令を直接受けてそれを執行する後の大臣のような権能を帯びていたことがわかる。書紀はそれを大連という官号で表現しているのであるが、大連の始まりが雄略朝であると伝えられているのは、大伴氏が単なる天皇の側近勢力であることを超えて、ある意味では大伴大連が王統護持の権能を認められたことを示唆する可能性が強いであろう。とりわけ、雄略天皇はその死に臨んで大伴室屋に遺詔を与え後事を託している。以下、素朴・簡略で要を尽くしている雄略紀二十三年八月条に引く一本の文章を引用する。

星川王、腹悪しく心麁きこと、天下に著れ聞えたり。不幸して朕が崩なむ後に、当に皇太子を害らむ。汝等民部、甚多なり。努力相助けよ。な侮慢らしめそといふ。

また、星川皇子の反乱が起きた際には、室屋が東漢直掬に次のように言明していることが注目される。

大泊瀬天皇の遺詔し、今に至りなむとす。遺詔に従ひて、皇太子に奉るべし。（清寧即位前紀）

これらの伝承によれば、雄略天皇は自分の後継者のことをあたかも大伴室屋だけに託したように記されている。それが事実として正しいことなのか、大伴氏家記による文飾なのかを確かめる術がないので何とも評しようのないものであるが、いずれにせよ、雄略天皇の遺詔を根拠とし、その遺詔の内容を完璧に実行した大伴室屋を基軸として王統の護持が図られたということには誤りがないものと思う。生前の天皇の言命がひとつの根拠となり、以後欽明朝初年頃に金村が政界を引退するまでの期間に、大伴氏は日継の問題の解決と王統譜の護持という王権にとって最も枢要な課題を担う主要な勢力となったものとみられるのである。

## V　大伴金村と住吉の神事

『日本書紀』の欽明元年九月条には天皇が難波の祝津宮に行幸し、随行していた廷臣らと新羅征討の問題を協議したと記すが、その議論の最中に継体朝における任那四県割譲問題がにわかに取り沙汰され、この問題に密接に絡んでいた大伴金村の責任が追及され、金村は直ちに「住吉の宅」に蟄居謹慎する。天皇は使者を住吉に派遣して金村を慰労し責任の追及を見合わせたが、以後金村は政界を引退しその後の動静は知られていない。筆者が問題にしたいのは金村がなぜ「住吉の宅」に引き籠ったのか、また大伴氏にとって住吉とは一体どのような性格の土地だったのかということである。

住吉とは四世紀後半に対百済外交の根拠地として開かれた重要な港津の所在地であり、「墨江」と呼ばれた波静かな入り江にその港津が開設され、北岸の台地上には港津の守護神として住吉大神を祭祀する聖地が広がっていた。住吉大神の祭儀にはさまざまなものがあるが、これまでに神功皇后伝説との関連で注目を集めてきたのが「八十嶋祭」であり、この祭りの起源を河内王朝(難波王朝・河内政権)の由来と絡めて論じるのが従来の古代史学界のひとつの動向でもあった。しかるに、筆者はこの祭りの始まりについては平安時代の初期(嘉祥年間)であり、住吉大津の開設・対百済外交との関係で住吉大神の祭儀を云々するとするならば、本当に注目をされねばならない祭儀は「住吉の埴使」の神事であろうと考えている。

住吉大社に伝えられてきた『住吉大社神代記』(住吉大社司解)は平安時代中期頃にまとめられた社伝であるが、伝記の中には七世紀後半に遡る所伝や天平・延暦年間に関わる文書などに由来するものが含まれており、検討次第ではさらに古く遡る伝承が数多く潜んでいる可能性が高く、「埴使」の神事こそはヤマト王権の始祖帝王誕生にまつわるきわめて重要な祭儀伝承であると考えられるのである。この祭儀の詳細についてはすでに『古代女王制と天皇の起源』で論じておいたのでそれを参照していただきたいのであるが、ここでは新たに論議の内容を大伴金村の「住吉の宅」と結びつけて再検討してみようと思う。

さて、金村が入った「住吉の宅」はおそらく住吉大社周辺のいずれかの地に所在した大伴氏の古来よりの活動拠点のひとつであろう。先ほど述べたように当地には住吉大津があったので、大伴氏は対外交通の基幹港津をも支配下に置き管理していたものと推定される。その淵源はおそらく室屋の時からで、港津を支配するということは同時に住吉大神の祭儀にも関与するということを意味したに相違ないであろう。住吉大神は元来王権の親祭というのが定式であったらしく、当社を祭祀する専職の神官はもともと設置されていなかったのであるが、欽明朝頃より津守連が住吉の神官家として登場するようになり、住吉神主と言えば津守氏を指すというのが律令制以後のあり方となり、『住吉大社神代記』も津守氏の手でまとめられた社伝なのである。

ところで、住吉付近にはクメに関する伝承が存在している。『日本書紀』の清寧即位前紀にみえる星川皇子の反乱事件に加担した河内三野県主小根なる人物が、大伴大連室屋に命乞いし贖罪のために差し出したのが「難波の来目邑の大井戸の田十町」というもので、小根が献上した田地は「難波の来目邑」付近に開発された土地と考えられ、ここに古くから居住していたクメ集団を大伴室屋が支配するようになった経緯を想定することができる。大和の来目邑と並んで難波の来目邑もクメの畿内における主要な根拠地の一つで、住吉大津の開設が当地にクメ一族の拠点を設置させた要因であり、クメこそが最も古い住吉大津の管理集団であったと考えられ、住吉大神の当初の祭祀にも彼らが関与していたのではないかと推定される。

問題は来目邑の位置であるが、摂津志に「住吉郡遠里小野」（住吉区遠里小野町）なる記述があり、日本古典文学大系『日本書紀』上の頭注には「阿閉久米庄」を指摘している。「難波」と「住吉」とは領域が異なるので、来目邑は住吉よりやや北方の阿倍野（大阪市阿倍野区）付近にあったと推定すれば「難波」の範囲に入り、史料的には整合する。

ところで、クメが住吉の祭儀に関与していた形跡を示すのが先ほど指摘しておいた「埴使」の神事なのである。この祭儀については『住吉大社神代記』には次のように伝えられている。

一　天の平瓮を奉る本紀

右は大神、昔皇后に誨え奉りて詔し賜わく、我をば天の香久山の社の中の埴土を取り、天の平瓮・八十瓮を造作りて斎い祀れ。又覬覦の謀有らむ時にも、此の如く斎い祀らば、必ず服へ賜わむと詔る。古に海人の老父に田　蓑笠箕を著し、醜き者を遣して土を取り、これを以て大神を斎い祀り奉る。

此は即ち為賀悉利の祝、古海人等なり。

右の伝承では住吉の神官（祝・古海人）が大和の香久山に赴いて埴土を採取し、それを基に天の平瓮と称する土器を作成して大神を祭祀するという神事の次第が記されている。文章の冒頭に出ている皇后とは神功皇后のことで、大神は皇后に平常時の祭儀と謀反が起きた時の祭儀を教誨しているのである。後者の場合にはとくに醜い姿をした老人をもって埴土を取ることが決まっていた。

ところで、住吉大社では現在でも毎年六月と十一月の二度にわたり「埴使」の神事を執行しているのであるが、神代記の伝記は『日本書紀』の記述事項を参照して短文にまとめたものと考えてよく、内容的には独自の所伝はほとんど見受けられない。書紀に記された埴土採取の伝承とは次のものである。いずれも長文であるので本書では引用を控えることにする。

① 神武即位前紀九月条に記す丹生川上での道臣命による顕斎。
② 崇神十年九月条に記す武埴安彦の反乱伝承。

このうち②の所伝は、反乱を企んだ武埴安彦の妻吾田媛が香久山の土を窃取し、その土に「倭国の物実」という呪言をかけて大和の支配を目論んだというものであり、香久山の埴土は大和国の霊質というべき性質を帯びたものであったことが窺える。

一方、①の伝承では容易に天皇に服そうとしない兄磯城や八十梟帥の軍と対峙した時、天神が夢に現れて「天香山の社の中の土を取りて、天平瓮八十枚を造り、幷せて厳瓮を造りて、天神地祇を敬ひ祭れ。亦厳呪詛をせよ。如此せば、虜自づからに平き伏ひなむ」と教えたので、「弊しき衣服及び蓑笠を着せて」老父・老嫗の姿にやつした椎根津彦と弟猾を派遣してひそかに香山の土を取らせ、多くの土器を造りそれらを丹生の川(吉野川の上流)に沈めて祈誓をしたところ成功したので、次には道臣命に命じて次のような祭祀を執行させたとする。

今高皇産霊尊を以て、朕親ら顕斎を作さむ。汝を用て斎主として、授くるに厳媛の号を以てせむ。其の置ける埴瓮を名けて、厳瓮とす。又火の名をば厳香来雷とす。水の名をば厳罔象女とす。粮の名をば厳稲魂女とす。薪の名をば厳山雷とす。草の名をば厳野椎とす。

顕斎というのは、高皇産霊尊が天皇に憑依して生き神となり、神を祭る斎主に指定された道臣命は厳媛すなわち女性神官の役回りで、埴瓮・火・水・粮・薪などの幣物を使用して、天神地祇を祭り厳呪詛を執り行うものであったらしい。

右の祭儀に関し筆者の注目するところは次の諸点である。第一に、神代記の文章は明らかに書紀の①②の伝承を下敷きにしてまとめられたものであるので、埴土の神事については書紀の二つの説話を基本に検討を進めることが肝要であると考えられ、第二に、①の伝承では大伴氏の遠祖と伝える道臣命が天皇を補佐して重要な役割を果たしているのであるが、これはいつの時期かに大伴氏が埴土の祭儀に関係を持ったことの反映と考えられること、第三に、神代記・書紀ともに祭儀の際に必要となる埴土は大和の香久山で採取すると伝えているのであるが、古来住吉大社では埴土を畝傍山で採取してきた慣例と伝統が続いており、畝傍山こそが本来の埴土の採集地であったとみてよいという点である。なぜなら、すでに本書において論じてきたように、畝傍山の麓にはクメとオホトモの本拠地である来目邑と築坂邑とが所在したのであり、一方の住吉にも「来目邑」と大伴金村の「住吉の宅」があったからである。

大伴氏が住吉の「埴使」の神事に関与したのはクメを配下に統属させた雄略朝から金村が政界を引退した欽明朝初頭頃までと推定できる。住吉に根拠地を置いた大伴氏はクメが古来行ってきたこの神事を「斎主」として執行し、畝傍山ではクメの手引きを得て埴土を採取したものと推測される。金村の引退により大伴氏がこの神事から手を引いた後には、住吉神主たる津守氏に神事の執行が引き継がれ、神事の起源と本旨とが忘れ去られるままに現代まで脈々と受け継がれてきたのである。

筆者はこの神事の起源を四世紀後半の住吉大津の開設時期まで遡ると推測している。住吉大神に大和国の象徴でもある畝傍山の特殊な埴土で造った土器を供献して祭るという行為は、ヤマト王権が住吉大神に何らかの重大な祈願を行った証拠と言うべきものである。それは何かと言えば、神功皇后伝説に語られている神聖御子の誕生、換言するならば始祖帝王の出生であろう。

王統譜の起点にはクメノイサチと女王サホヒメの夫婦がいた。クメノイサチはクメの族長であり女王サホヒメの夫となった人物である。さらに女王の王宮が来目高宮であったこともすでに論じておいた通りである。この夫婦は男子の誕生を住吉大神に祈願し、その目的を達するために畝傍山の埴土を住吉まで運んで祭儀を行い、大神の託宣を得てホムツワケ王を出生することに成功したのである。この由来によりクメは毎年畝傍山の埴土を住吉に持参して祭儀を行っていたが、大伴氏の統制を受けるようになったことを契機に祭儀は大伴氏に引き継がれることとなった。しかも、祭儀の本旨も異質なものに変化し、霊質を帯びる埴土の窃取と謀反・反乱の思想が結びつけられて王権を擁護するための政治的色彩の濃い別の祭儀に変容していったと考えられるのである。

## Ⅵ　伊予来目部小楯

顕宗・仁賢両天皇を発見したとされる「山部連の先祖伊予来目部小楯」のことをここで再び想い起してみたい。説話の内容については煩雑なので詳しくは繰り返さないが、億計・弘計両皇子が貴種であることを発見した時の小楯のことを、『古事記』は「針間国之宰」「山部連小楯」と記し、その国の豪族志自牟の新室の宴会で兄弟の王子を見出したとする。他方の『日本書紀』は「播磨国司」「山部連先祖伊予来目部小楯」と書いており、小楯が播磨に派遣されたのは新嘗の供物を徴収するためであったとしている。さらに『播磨国風土記』では「針間国之山門領」に遣された「山部連少楯」とあり、志深村首の伊等尾の新室の宴が二王子発見の機縁であったと記している。風土記の説話はいずれかというと『古事記』の伝承に影響を受けて整えられた可能性が強いであろう。

地方において天皇を発見するという重要な役割を果したとされる小楯という人物は、いずれの伝承にも共通して語られているように山部連の先祖になった人とされる。書紀によると、二皇子発見の功績により小楯は「山官」に就任することを強く願ったので「改めて姓を山部連の氏と賜」ったと言い、その前身は『日本書紀』が伝えているように「伊予来目部」であった。

伊予国には久米郡があり、天平二十年四月の日付を持つ文書には伊予国久米郡天山郷戸主の久米直熊鷹の名が記載されており、直姓を帯びていることから久米郡在住の郡領級豪族であったことを推定させる。『先代旧事本紀』国造本紀の項には久味国造が著録されているので、伊予国には中央の久米直氏の統制を受けた久米部の集団が蟠踞していたことは疑いがない。その久米部を在地で支配し統括していた族長こそが「伊予来目部小楯」であったと考えられるのである。

問題は、なぜ小楯のような一介の地方豪族の族長がこのような僥倖ともとれる大役を果たすことができたのかという点にあるが、第四章でも述べたようにこの話にはさまざまな潤色と造作が施されており、筆者は両皇子のうち顕宗天皇に当たる弘計王は実在しない人物であること、仁賢天皇(億計王)なるオホシ王は父王市辺押磐皇子が雄略天皇の手にかかって暗殺された事件の直後に身柄を拘束され、伯母の飯豊皇女に所縁のある播磨国美囊郡の豪族のもとに幽閉されたこと、したがって王の地位や身分はもとより公知の事実であって、『古事記』『日本書紀』に記す説話のような筋書きはほとんど史実とは考えられない性質のものであることを指摘しておいた。それでは、伊予来目部小楯は一体何のためにこの説話に登場しているのであろうか。

結論を言うと、伊予来目部小楯の背後には大伴大連室屋がひかえており、小楯は大連の特命を受けて播磨国に幽閉中のオホシ王をしばしば訪問し、その動静を逐一報告する任務を与えられていたのではあるまいか。小楯は親衛軍の伴の任務を帯びて伊予国から配下の久米部を率い宮廷へ上番する機会が多く、おそらく播磨の港津は船での往来の際にしばしば寄港地とした場所であったので、この地域には何らかの所縁があった可能性が強い。

あるいはもう一歩進んで次のような想定が許されるかも知れない。小楯はオホシ王が播磨に幽閉されていた当時すでに「針間之山門領」＝山官の下僚として播磨国内各地を巡検する任務を帯びていた。そのことを知った大伴大連室屋は小楯を選び特命の使節としてオホシ王の身辺を守衛し動静を把握する任務を与え、その任務がかなり長期間にわたったこと、さらには王の帰京に際して迎えの使節としてははなはだしい活躍を果たしたので功績を認められ、一躍山部連という顕揚の地位と職務とを得ることになったのではあるまいか。彼が偶然に針間の国宰として赴任先で王子を見つけた、その発見の功績によって山辺連という地位を得たというような劇的に過ぎるストーリーはやはり説話の類であると思われるのである。

クメはその成立由来からしてA系譜の王系と親しい関係にあり、オホシ王はまさしくA系譜の正統な直系王族であったことから、大伴室屋が小楯を起用したのは当を得た人事であったと考えられるのであり、大伴氏はヤマト王権におけるクメの伝統的な権威と役割を利用して王統譜を護持しようとしたのであろう。このように考えられるとすると、雄略朝以後の大伴氏は単なる中央親衛軍の統率者というだけではなく、王統護持という点でも重要な役割を果たした勢力であったと言えるであろう。

本章冒頭において、筆者はヲホト王が母とともに暮らしたことのある越前の高向邑(多加牟久村)付近にオホトモとクメにまつわる伝承のあることを指摘しておいた。これらの伝承はヲホト王の日継の地位について大伴大連金村が早くからその存在に着目し、播磨のオホシ王と同様にヲホト王にも接近していずれは大王として擁立する意向を固めたことの証跡であったとは言えないであろうか。すなわち書紀に記すように、中央廷臣らの意向として越前に住むヲホト王に対し即位の要請を行い、ヲホト王がその要請を受諾した時点で大連金村の命を受けたクメの一団が当地に派遣され、いずれは王位を継ぐことになるヲホト王の身辺を守衛する任務に当たらせていたことが推測できるのであって、こうした点からもヲホト王の擁立と即位は周到に計画されたもので、『古事記』『日本書紀』が描いているようなドラスティックな出来事ではなかったとされねばならないのである。

# 終章

ヲホト大王の出自・素姓をめぐる問題を基軸に据えてこれと関連するさまざまな課題を積極的・意欲的に論じてみた。王の祖先系譜に関し古代史学界においてこれまでほとんど議論の対象とされたことのない問題を数多く指摘してきたつもりであり、とりわけヲホト大王が歴史的に実在した始祖帝王ホムツワケの四世の孫であるという事実を究明できたことは筆者の大いに喜びとするところである。その父系直系系譜を復原すると次のようになる。

ホムツワケ王——大草香皇子——眉輪王——ウシ王——ヲホト大王

興味深いのは、本文にも指摘しておいたように、大草香皇子からヲホト大王までの四人の直系王族にはいずれも兄弟がまったくいなかったらしい事実で、それは五世紀の王族間の権力闘争の激しさを如実に反映した現象であろう。『古事記』『日本書紀』の編者らは右の系譜関係を十分に知り尽くしていたにもかかわらず、これを隠蔽してホムツワケ王の位置にホムタワケ王＝応神天皇を据え、さらに大草香皇子と眉輪王の名をヲホトの祖先系譜から隠匿しようと目論み、まったく別の祖先系譜に作り替えるという手の込んだ造作を行い、さらには系譜の全体像を公表しないという姑息な手段に出たのである。

原王統譜に対するこのような操作はおそらく両書の素材となった「帝紀・旧辞」の編纂時に始まり、欽明天皇の殯宮儀礼においてヲホト大王の始祖はホムタワケ王(応神天皇)であるとする王統譜が登場し、その後推古朝以後の時期に編纂されたと推定されている『上宮記』のヲホト王にまつわる系譜伝承でも、こうした隠蔽工作がすでに施されていたらしい確実な証跡を見出すことができた。『上宮記』一云にはかろうじて始祖帝王ホムツワケの名が系譜上に遺存していたが、それは「帝紀・旧辞」段階におけるホムツワケの扱いが未定で混乱していた状況を映し出すものといえるだろう。

ヤマト王権は四世紀後半から五世紀初頭の時期に世襲王制を創始し、特定の王系に属する王族から日継の御子を選定するという王位継承の原則を確立したもののようである。ところが、創始された王統は同族ではあるがA系譜とB系譜という二つの王統(王系)が形成され、A系譜にはさらに市辺押磐皇子の王家と大草香皇子の王家が成立し、都合三つの王家(二王統三王家)が覇権を競い合う形になった。これらの王系・王家には地位の優劣が存在したことから互いに対立と紛争を繰り返し、血なまぐさい王族同士の権力闘争によって五世紀後半には日継の御子の不足という憂慮すべき事態を招いた。

B系譜は雄略の子白髪皇子の夭逝によって事実上断絶し、A系譜では市辺押磐皇子が暗殺され、その子オホシ王が地方に幽閉されることとなり、大草香皇子の王家は本書で詳しく論証したように眉輪王が殺されウシ王が地方に追放させられる事態となった。『古事記』『日本書紀』はこうした日継の資格を有する王族らの根絶やしの状態をことさら大げさに描き出し、さらにはA系譜のオホシ王とヲホト王の即位事情について多くの事実を歪曲し隠蔽することによって、五世紀の王統とヲホト王以後の王統との断絶面を鮮明に印象づける措置を施したのである。そうした操作により、ヲホト大王以後の王統譜が前代のものとは異質な内容を持つもので、新しい時代をリードするにふさわしい王統が成立したことを主張しようとしたのである。それはとりわけ『日本書紀』に顕著であって、仁徳王朝の衰亡が継体王朝の幕開けをもたらしたとする王朝交替の論理が強く滲み出ている。

その書紀が「嫡子」と特筆している欽明天皇については、五世紀の王統との関係で言うならば、欽明の身体には実体としてA系譜・B系譜につながるすべての王系・王家の血が合流・混合しており、逆に六世紀以後の王統譜の源拠・一系の源泉とも評すべき位置にいることが判明するだろう。欽明天皇は父のヲホト大王にも勝る血統の保持者となったとみてよく、オホシ大王以後の王統統合策の完成を欽明に見出すことができるのである。すなわち本来欽明天皇には系譜的にも血統上も隠すべき問題は何もなかったはずなのである。

なぜ欽明王権がヲホト大王の系譜・出自に隠蔽工作を施す必要があったのかと言えば、第一の最も主要な理由は、ホムツワケ王が始祖帝王であるということを秘匿し、「女王制(女王の国)」の歴史を全面的に否定して遠古の時代へ天皇系譜の延長を図る必要があったということであろう。国内的にも対外的にも倭国の歴史は神代の時より一系の王祖・王孫の統治する天下でなければならなかった。世襲王制の形態をとらない女王統治の時代(女王の国)が過去に厳然と存在したことを男王制の建国史の観点からは決して認めるわけにはいかなかったのであり、王統譜そのものからヲホト大王の始祖ホムツワケ王を除籍することが必要になったのである。

第二に、ヲホト大王の曽祖父大草香皇子は五世紀の王統譜においてはA系譜の傍系に当たる王家であったが、王位を得る意図の下にB系譜の安康の王家と厳しく対立し滅亡したという事実を秘する必要があったこと、次に、ヲホト大王の祖父眉輪王が安康天皇を暗殺するという前代未聞の大罪を犯し、雄略の手で殺害されるに至った史実をとりわけ隠蔽する必要があったこと、さらには、ヲホト大王の実父ウシ王が眉輪王事件に連坐して地方に流罪となり追放された事実を秘匿する必要があったことである。このようにヲホト大王の祖先には忌まわしい出来事が次々と起きていたのである。

これらの事実が後世に知られると、欽明天皇自身の系譜上の正統性だけではなく、後裔の天皇らの正統性にも傷がつき政治的にはなはだ危険であると判断されたと考えられる。過去に起きた出来事は決して消し去ることができず、絶えず記憶の中に蘇ってくるからである。そこで、主としてB系譜の安康・雄略天皇らの悪虐無道の政治を軸に王家の歴史を描くようにし、A系譜の二王家は絶えずそれに翻弄されながらもかろうじて系譜を維持したように描き出すことで、新たな王権史への転換の経緯を説明しようとしたのである。

ヲホト大王治世下の継体二十一(五二七)年には筑紫君磐井の反乱事件が起きている。この年はちょうど『古事記』が述べるヲホト大王死没の丁未年に相当し、磐井の決起の主因が何なのかについて今後熟慮をめぐらす必要があるが、『古事記』継体段に「此の御世に、竺紫君石井、天皇の命に従はずして、多く礼无かりき」と特筆された記事があり、「礼无かりき」という磐井の反抗的な態度の原因にはヲホト大王の系譜と出自にまつわる問題が絡んでいた可能性があり、辺境の豪族が起こした事件が欽明天皇に最初の危機意識を懐かせた原因となっているのではないだろうか。いわゆる「辛亥の変（二王朝並立論）」の問題とともに改めて別の機会に論じてみたいと思う。

最後に指摘し強調しておきたい重要な事柄がなお一つ残されている。天皇系譜は一体どこまで遡ることができるのかという問題に関する疑問である。「始馭天下之天皇」「御肇国天皇」の伝承を持つ神武天皇や崇神天皇をこれに擬定する説は最早取りあげる学問的な意味を有しない性格のものであるので論外とする。そうすると、確実なところではヲホト大王（継体天皇）までしか遡らないというのが現下における良心的な学問上の正解であると言えるが、本書に述べたことが正鵠を射たものであるとするならば、五世紀初頭の始祖帝王ホムツワケこそが天皇系譜における真実の始祖であると断言することが可能である。ヲホト大王はホムツワケ王の直系の子孫だからであり、血筋・系譜というものをとりわけ重視するならばホムツワケ王が天皇の歴史の真の始まりなのであって、それ以前は女王の時代に属し世襲王制は成立していなかったと言わざるを得ないのである。

# 参考文献

日本古典文学大系『古事記・祝詞』（岩波書店、一九五八年）。

日本思想大系『古事記』（岩波書店、一九八二年）。

日本古典文学大系『日本書紀』上（岩波書店、一九六七年）。

日本古典文学大系『日本書紀』下（岩波書店、一九六五年）。

『釈日本紀』（『新訂増補国史大系』第八巻、吉川弘文館、一九六五年）。

＊

赤塚次郎「断夫山古墳と伊勢の海」（梅村喬編『古代王権と交流4伊勢湾と古代の東海』名著出版、一九九六年）。

網野善彦・門脇禎二・森浩一編『継体大王と尾張の目子媛』（小学館、一九九四年）。

新井喜久夫「古代の尾張氏について」（『信濃』二一―一・二、一九六九年）。

市原市教育委員会・㈶市原市文化財センター編集『「王賜」銘鉄剣概報　千葉県市原市稲荷台一号墳出土』（吉川弘文館、一九八八年）。

井上光貞『日本国家の起源』（岩波書店、一九六〇年）。

井上光貞『日本古代国家の研究』（岩波書店、一九六五年）。

井上光貞『日本の歴史3・飛鳥の朝廷』（小学館、一九七四年）。

井上光貞「雄略朝における王権と東アジア」（『東アジア世界における日本古代史講座』4、学生社、一九八〇年）。

岩宮隆司「継体即位の歴史的背景」（『ヒストリア』一九四、二〇〇五年）。

上田正昭『日本古代国家論究』（塙書房、一九六八年）。

上田正昭『大和朝廷』（角川書店、一九七二年）。

大橋信弥『日本古代国家の成立と息長氏』（吉川弘文館、一九八四年）。

大橋信弥『日本古代の王権と氏族』（吉川弘文館、一九九六年）。

大橋信弥『継体天皇と即位の謎』（吉川弘文館、二〇〇七年）。

岡田精司『古代王権の祭祀と神話』（塙書房、一九七〇年）。

岡田精司「継体天皇の出自とその背景」（『日本史研究』一二八、一九七二年）。

岡田精司「古代の王朝交替」（『古代の地方史』三、朝倉書店、一九七八年）。

小田富士雄編『古代を考える磐井の乱』（吉川弘文館、一九九一年）。

笠井倭人「記紀系譜の成立過程について」（『史林』四〇―二、一九五七年）。

笠井倭人『研究史倭の五王』（吉川弘文館、一九七三年）。

笠野毅「宣化天皇陵外堤漏水防止工事に伴う事前調査」（『書陵部紀要』二九、一九七八年）。

笠野毅「昭和四五年度身狭桃花鳥坂上陵整備工事に伴う事前調査」（『書陵部紀要』四一、一九九〇年）。

加藤謙吉「応神王朝の衰亡」（佐伯有清編『古代を考える雄略天皇とその時代』吉川弘文館、一九八八年）。

亀田博「枡山古墳隣接地発掘調査概報」（『奈良県遺跡調査概報』一九九三年度第二分冊、一九九四年）。

川口勝康「在地首長制と日本古代国家」（『歴史学研究別冊特輯『歴史における民族の形成』一九七五年）。

川口勝康「紀年論と『辛亥の変』について」（『日本古代の社会と経済』上巻、吉川弘文館、一九七八年）。

川口勝康「五世紀の大王と王統譜を探る」（原島礼二他編『巨大古墳と倭の五王』青木書店、一九八一年）。

岸俊男『日本古代政治史研究』（塙書房、一九六六年）。

喜田貞吉「継体天皇以下三天皇皇位継承に関する疑問」（『喜田貞吉著作集』3、平凡社、一九八一年）。

北郷美保「顕宗・仁賢即位伝承雑考」（佐伯有清編『日本古代史論考』吉川弘文館、一九七五年）。

黒沢幸三『日本古代の伝承文学の研究』（塙書房、一九七六年）。

小柴秀樹「「息長系譜」の形成者」（井上辰雄編『古代中世の政治と地域社会』雄山閣、一九八六年）。

越まほろば物語編纂委員会編『継体大王の謎に挑む』（六興出版、一九九一年）。

御所市教育委員会編『古代葛城とヤマト政権』（学生社、二〇〇三年）。

小林敏男『古代王権と県・県主制の研究』（吉川弘文館、一九九四年）。

佐伯有清編『古代を考える雄略天皇とその時代』（吉川弘文館、一九八八年）。

坂本太郎「継体紀の史料批判」（『日本古代史の基礎的研究』上・文献篇、東京大学出版会、一九六四年）。

坂元義種『倭の五王』（教育社、一九八一年）。

笹川尚紀「大化前代の近江坂田郡地域」（『続日本紀研究』三四三、二〇〇三年）。

篠原幸久「応神天皇の始祖王像について」（『続日本紀研究』二五五、一九八八年）。

篠原幸久「継体王系と息長氏の伝承について」（『学習院史学』二〇、一九八八年）。

篠原幸久「王権構想史における顕宗・仁賢の位置をめぐって」（『続日本紀研究』二五七、一九八八年）。

篠原幸久「上宮記逸文の「凡牟都和希」と記紀の応神天皇」（『続日本紀研究』二七四、一九九一年）。

篠原幸久「欠史八代王統譜について」（『ヒストリア』一三九、一九九三年）。

篠原幸久「崇神系王統譜について」（『続日本紀研究』二八六、一九九三年）。

篠原幸久「応神天皇における異伝の発生」（『続日本紀研究』二九二、一九九四年）。

白石太一郎『古墳と古墳群の研究』（塙書房、二〇〇〇年）。

白崎昭一郎『継体天皇の実像』（雄山閣、二〇〇七年）。

薗田香融『日本古代財政史の研究』(塙書房、一九八一年)。

高槻市教育委員会編『継体天皇と今城塚古墳』(吉川弘文館、一九九七年)。

竹内理三『律令制と貴族政権』I(御茶の水書房、一九五九年)。

武田祐吉『古事記研究帝紀攷』(青磁社、一九四四年)。

塚口義信『神功皇后伝説の研究』(創元社、一九八〇年)。

塚口義信「『釈日本紀』所載の「上宮記一云」について」(『堺女子短期大学紀要』一八、一九八二年)。

塚口義信「葛城県と蘇我氏」(『続日本紀研究』二三一・二三二、一九八四年)。

塚口義信「〝原帝紀〟成立の思想的背景」(『ヒストリア』一三三、一九九一年)。

塚口義信『ヤマト王権の謎を解く』(学生社、一九九三年)。

津田左右吉『日本古典の研究』上(岩波書店、一九四八年)。

津田左右吉『日本古典の研究』下(岩波書店、一九五〇年)。

藤間生大『倭の五王』(岩波書店、一九六八年)。

遠山美都男『蘇我氏四代』(ミネルヴァ書房、二〇〇六年)。

直木孝次郎『日本古代国家の構造』(青木書店、一九五八年)。

直木孝次郎『日本古代の氏族と天皇』(塙書房、一九六四年)。

直木孝次郎『日本古代兵制史の研究』(吉川弘文館、一九六八年)。

成清弘和「「欽明紀」の『嫡子』について」(『日本書紀研究』第十冊、塙書房、一九七七年)。

成清弘和「継体紀の『五世孫』について」(『日本書紀研究』第十三冊、塙書房、一九八五年)。

林屋辰三郎「継体・欽明朝内乱の史的分析」(『古代国家の解体』東京大学出版会、一九五五年)。

原島礼二「天武八姓の歴史的意義」（『歴史評論』一二二・一二三、一九六〇年）。

原島礼二『倭の五王とその前後』（塙書房、一九七〇年）。

㈶枚方市文化財研究調査会編『継体大王とその時代』（和泉書院、二〇〇〇年）。

平子鐸嶺「継体以下三皇統の錯簡を弁ず」（『史学雑誌』一六―六・七、一九〇五年）

平野卓治「ヤマト王権と近江・越前」（『新版古代の日本』5、角川書店、一九九二年）。

平林章仁『蘇我氏の実像と葛城氏』（白水社、一九九五年）。

福山敏男「江田発掘大刀及び隅田八幡神社鏡の製作年代について」（『考古学雑誌』二四―一、一九三四年）。

福山敏男「金石文」（上田正昭編『日本古代文化の探究・文字』社会思想社、一九七五年）。

前田晴人『神功皇后伝説の誕生』（大和書房、一九九八年）。

前田晴人『古代王権と難波・河内の豪族』（清文堂出版、二〇〇〇年）。

前田晴人『三輪山―日本国創成神の原像』（学生社、二〇〇六年）。

前田晴人『古代女王制と天皇の起源』（清文堂出版、二〇〇八年）。

前田晴人『倭の五王と二つの王家』（同成社、二〇〇九年）。

前之園亮一『古代王朝交替説批判』（吉川弘文館、一九八六年）。

松原弘宣「久米氏についての一考察」（『日本書紀研究』第十九冊、塙書房、一九九四年）。

黛弘道「記紀」（『古代の日本』9研究資料、角川書店、一九七一年）。

黛弘道『古代学入門』（筑摩書房、一九八三年）。

黛弘道『律令国家成立史の研究』（吉川弘文館、一九八五年）。

真弓常忠『天香山と畝火山』（学生社、一九七一年）。

三品彰英「日本書紀所載の百済王暦」(『日本書紀研究』第一冊、塙書房、一九六四年)。

三品彰英「『継体紀』の諸問題」(『日本書紀研究』第二冊、塙書房、一九六六年)。

水谷千秋『継体天皇と古代の王権』(和泉書院、一九九九年)。

水谷千秋『謎の大王継体天皇』(文芸春秋、二〇〇一年)。

水野祐「隅田八幡神社所蔵鏡銘文の一解釈」(『古代』一三、一九五四年)。

水野祐『日本古代王朝史論序説〔新版〕』(早稲田大学出版部、一九九二年)。

森浩一・上田正昭編『継体大王と渡来人』(大巧社、一九九八年)。

森浩一・門脇禎二編『継体王朝—日本古代史の謎に挑む』(大巧社、二〇〇〇年)。

森田克行「今城塚古墳と埴輪祭祀」(『東アジアの古代文化』一一七、二〇〇三年)。

森田克行「今城塚古墳の調査と埴輪祭祀」(『ヒストリア』一九四、二〇〇五年)。

山尾幸久『日本古代王権形成史論』(岩波書店、一九八三年)。

山尾幸久『日本古代の国家形成』(大和書房、一九八六年)。

山尾幸久『古代の日朝関係』(塙書房、一九八九年)。

山尾幸久『古代王権の原像』(学生社、二〇〇三年)。

山中鹿次「武烈天皇に関する諸問題」(『日本書紀研究』第十九冊、塙書房、一九九四年)。

山中鹿次「継体＝応神五世孫に関する諸問題」(『日本書紀研究』第二十一冊、塙書房、一九九七年)。

横田健一『日本書紀成立論序説』(塙書房、一九八四年)。

吉井巌『天皇の系譜と神話』一(塙書房、一九六七年)。

吉井巌『天皇の系譜と神話』二(塙書房、一九七六年)。

吉田晶「古代国家の形成」(『岩波講座日本歴史』2、古代2、岩波書店、一九七五年)。

吉田晶『倭王権の時代』(新日本出版社、一九九八年)。

吉田晶『古代日本の国家形成』(新日本出版社、二〇〇五年)。

吉村武彦『古代天皇の誕生』(角川書店、一九九八年)。

吉村武彦『古代を考える継体・欽明朝と仏教伝来』(吉川弘文館、一九九九年)。

米沢康『北陸古代の政治と社会』(法政大学出版会、一九八九年)。

和田萃『大系日本の歴史2・古墳の時代』(小学館、一九八八年)。

渡里恒信「継体天皇の祖先について」(『続日本紀研究』三五七、二〇〇五年)。

渡里恒信『日本古代の伝承と歴史』(思文閣出版、二〇〇八年)。

# おわりに

筆者の古代史との関わりは、研究を始めた学生時代から数えてみると還暦を迎えた昨年で四十数年の日子を経た。この間に研究のことが念頭から離れた日はいちどもなく、古代世界への情念は今もなおこの胸に熱く燃えたぎっており、今後は視野をさらに拡大しながら社会的に一層意義のある仕事を積み重ねて行きたいと念願している。

しかし、老年の入口近くまで筆者を研究に駆り立ててきた動因はほかにもある。居住している大阪狭山市には木下茂男さんを代表幹事とする「古代史の会」があり、創設以来今年の三月で十四年目を迎えた。筆者は木下さんの求めに応じ初めからずっと講師の役を務めてきたが、毎月末の例会での話の内容を組立てまとめることが日常茶飯の作業になり、このことが筆者の内面を大いに鍛え上げ支えてくれた契機になっているように思われる。長年お付き合いいただいている会員諸賢を前にしていい加減な話は決してできないので、真面目に毎回のテーマと正面から向き合ってきたことが現在の成果につながっており、本書に記したこともすべて当会で話した内容がベースになっている。

筆者としては、最近数年の間に固まってきた構想をまとめて公表した『古代女王制と天皇の起源』（清文堂出版、二〇〇八年）・『倭の五王と二つの王家』（同成社、二〇〇九年）と本書とは、内容的に密接な関連性を持つ三部作という位置づけを与えている作品群である。読者諸賢にはぜひともこれらを通読していただきご批判とご教示とを賜りたいと切望している。雄略朝に関わる問題や物部氏の実体については本書ではほとんど論じることはしなかった。これらの課題は別にそれぞれ一書を必要とするとの判断から論議を保留したのであって、いずれ機会を改めて私見を要約してみたいと考えている。

薄学菲才のゆえに、統一性に欠ける点や前著と後著との間で微妙に解釈の食い違う点があるとすれば、後著に記したことが現在の正見であることをお含みいただければ幸いである。

末筆ながら一言申し添えたい。本書は前著『倭の五王と二つの王家』に引き続き同成社より刊行していただくことができた。相次ぐ筆者の提案を快くお引き受けいただいたことを心より厚く感謝申し上げたいと思う。筆者のように古代史の研究を生きがいとしている者にはまことにありがたいことで、長年の懸案事項を書籍の形で表現できることはこの上ない喜びである。また、編集部の三浦彩子さんには再び編集と校正の作業の点でさまざまに精細なご教導を賜り、筆者の至らない点について的確なご指摘を頂戴し、立派な本に仕上げていただいたことを改めて深謝申し上げる次第である。

二〇一〇年二月十四日

前田　晴人

# 継体天皇《けいたいてんのう》と王統譜《おうとうふ》

■著者略歴■
前田　晴人（まえだ　はると）
1949年　大阪市生まれ
1977年　神戸大学大学院文学研究科修士課程修了
現　在　龍谷大学文学部非常勤講師

主要著書
『日本古代の道と衢』（吉川弘文館、1996年）、『飛鳥時代の政治と王権』（清文堂出版、2000年）、『古代王権と難波・河内の豪族』（清文堂出版、2000年）、『飛鳥時代の政治と王権』（清文堂出版、2005年）、『古代出雲』（吉川弘文館、2006年）、『古代女王制と天皇の起源』（清文堂出版、2008年）、『倭の五王と二つの王家』（同成社、2009年）

2010年3月25日発行

著　者　前　田　晴　人
発行者　山　脇　洋　亮
組　版　㈲　章　友　社
印　刷　モリモト印刷㈱
製　本　協　栄　製　本　㈱

発行所　東京都千代田区飯田橋 4-4-8 東京中央ビル内　㈱ 同 成 社
TEL 03-3239-1467　振替 00140-0-20618


ISBN978-4-88621-515-4 C3021